岩手日報で振り返る

岩手の平成史

1989-2019

昭和29年12月12日　岩手日報　第6184号　(4)

1954年
県下十大ニュース

トップは山田線全通

二位 両陛下の御来県

読者の投票で決定

1954（昭和29）年に始まった「読者が選ぶ十大ニュース」

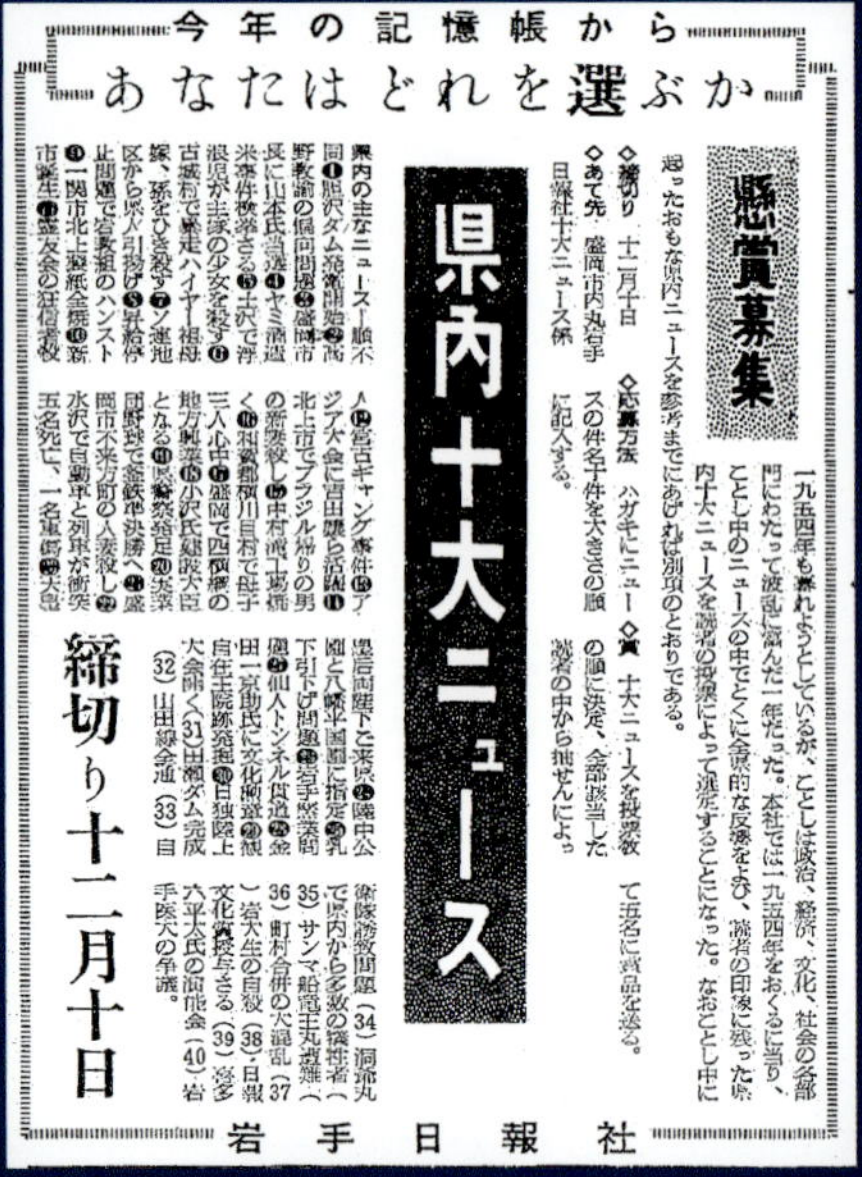

今年の記憶帳から

あなたはどれを選ぶか

懸賞募集

一九五四年も暮れようとしているが、ことしは政治、経済、文化、社会の各部門にわたって波乱に富んだ一年だった。本社では一九五四年をおくるに当り、ことし中のニュースの中でとくに全県的な反響をよび、読者の印象に残った県内十大ニュースを読者の投票によって選定することになった。なおことし中に起ったおもな県内ニュースを参考までにあげれば別項のとおりである。

◇締切り　十二月十日
◇あて先　盛岡市内丸岩手日報社十大ニュース係
◇応募方法　ハガキにニュースの件名十件を大きさの順に記入する。
◇賞　十大ニュースを投票数の順に決定、全部該当した読者の中から抽せんによって五名に賞品を送る。

県内十大ニュース

県内の主なニュース＝順不同　❶胆沢ダム発電開始❷高野教諭の偏向問題❸盛岡市長に山本氏当選❹ヤミ酒選挙事件検挙さる❺土沢で浮浪児が主家の少女を殺す❻古城村で暴走ハイヤー祖母と孫をひき殺す❼ソ連地区から県人引揚げ❽昇給停止問題で岩教組のハンスト❾一関市北上製紙全焼❿新市誕生⓫盛友会の狂信者殺人⓬宮古ギャング事件⓭アジア大会に吉田選手ら活躍⓮北上市でブラジル帰りの男の親殺し⓯中村[illegible]工場焼く⓰和賀郡横川目村で母子三人心中⓱盛岡で四横綱の地方興業⓲小沢氏建設大臣となる⓳県芸術祭発足⓴実業団野球で釜鉄準決勝へ㉑盛岡市不来方町の人妻殺し㉒水沢で自動車と列車が衝突五名死亡、一名重傷㉓天皇両陛下ご来県㉔陸中公園と八幡平国立公園に指定㉕乳価引下げ問題㉖岩手[illegible]業問題㉗仙人トンネル貫通㉘金田一京助氏に文化勲章㉙観自在王院跡発掘㉚日独陸上大会開く（31）田瀬ダム完成（32）山田線全通（33）自衛隊募集問題（34）洞爺丸で県内から多数の犠牲者（35）サンマ船竜王丸遭難（36）町村合併の大混乱（37）岩大生の自殺（38）日報文化賞授与さる（39）喜多六平太氏の演能会（40）岩手医大の争議。

締切り十二月十日

岩手日報社

岩手日報で振り返る
岩手の平成史

［本書について］

●本書は毎年12月下旬、岩手日報に掲載される「読者が選ぶ十大ニュース」を基に構成し、平成31（2019）年から昭和44（1969）年までの50年間の動きをまとめたものです。

●社会情勢の変化や人権の観点から、紙面掲載時の表現を変えている場合があります。

●肩書きや年齢は原則、その出来事が岩手日報に掲載されたときのものです。海外の日時は原則、現地時間です。

●記事や見出しの表現および外来語・外国人の名前は「記者ハンドブック第13版」（共同通信社）にのっとっています。墓碑銘は原則、敬称をつけていません。

●新聞紙面は当時の雰囲気を伝えるために掲載しています。広告にマスキングをしたり、記事や見出しが切れたりしている場合があります。

［十大ニュースについて］

●「読者が選ぶ十大ニュース」は1954（昭和29）年から続いている、岩手日報恒例の企画です。12月初旬、その年の主な出来事をまとめた「ニュースの手引き」を掲載、はがきやウェブ投票で上位20項目を決めています。

●国内・国際の十大ニュースについては、共同通信の配信記事を基に構成しています。

目次

（第3種郵便物認可）　岩手日報　2017年（平成29年）12月1日（金曜日）　特集（12）

2017いわて 十大ニュースに選ばれるのは？

ことし1年を振り返る「読者が選ぶ2017年岩手の十大ニュース」の応募要項は次の通りです。主な出来事を30項目にまとめ、ジャンルごとに並べました。この中から上位10項目を選んでください。
（年齢、数字、肩書などはニュースを掲載した当時のものです。手引の番号はあくまでも応募用です。項目はジャンルごとに、原則時系列で並べています）

政治

①衆院定数 本県「3」に削減
1票の格差是正のため、衆院の区割りを改定する改正公選法が6月9日に成立。本県の小選挙区は4から3となり、旧3区の沿岸部は新2区に、旧玉山区は新1区に編入された。

②五輪担当相に鈴木氏
第3次安倍第3次改造内閣が8月3日発足、五輪担当相に鈴木俊一氏(64)が起用された。鈴木氏の入閣は2002年の第1次小泉改造内閣での環境相に続き2度目。

③突然の衆院選 前職3氏制す
突然の解散による第48回衆院選は10月22日に投開票され、自公が大勝。本県は1区階猛氏（希望）、2区鈴木俊一氏（自民）、3区小沢一郎氏（無所属）の前職が議席を守った。

スポーツ

④ボルダリング日本一に14歳
スポーツクライミングのボルダリング日本一を決めるジャパンカップ（1月29日、東京）女子で、14歳の伊藤ふたば選手（盛岡・松園中2年）が史上最年少優勝を果たした。

⑤10人不来方 甲子園で躍動
第89回選抜高校野球大会に不来方が21世紀枠で初出場、部員10人で注目を集めた。静岡（静岡）との1回戦（3月24日）は3―12で敗れたが、甲子園を最後まで沸かせた。

⑥盛岡大付が春夏連続8強
盛岡大付が春夏連続で甲子園ベスト8入り。夏の大会は1回戦で前年覇者の作新学院（栃木）を撃破。3回戦（8月19日）は壮絶な打撃戦の末に済美（愛媛）を下した。

⑦プロ8年目、雄星投手2冠
プロ野球西武の菊池雄星投手(26)＝花巻東高＝が、プロ8年目で初タイトルとなる最多勝と最優秀防御率の2冠に輝いた。ゴールデングラブ賞とベストナインにも選ばれた。

⑧ラグビーW杯 釜石は2試合
2019年ラグビーワールドカップ日本大会の対戦カードと会場が11月2日に決定。釜石市ではフィジーの試合など、1次リーグ2試合が行われることになった。

⑨大谷選手、来季は大リーグ
「二刀流」で活躍するプロ野球日本ハムの大谷翔平選手(23)＝花巻東高＝が11月11日、米大リーグ挑戦を表明した。ポスティングシステムを利用し、

文化

⑪沼田さん県人初の芥川賞
第157回芥川賞の選考会が7月19日に開かれ、東日本大震災を題材にした沼田真佑さん(38)＝盛岡市＝の「影裏」に決まった。本県関係の芥川賞受賞は初めて。

⑫中学生将棋30年ぶり全国V
将棋の中学生日本一を決める全国選抜選手権大会（8月3、4日、山形県天童市）男子の部で、橋本力さん（盛岡市・岩手中3年）が初優勝。県勢では30年ぶり2人目。

⑬合唱コン3年連続で日本一
第70回全日本合唱コンクール全国大会（10月28日、大阪市）の高校部門Aグループ（8～43人）で、不来方高音楽部が最高賞を受賞。3年連続7度目の日本一を達成した。

経済

⑭東北新幹線が開業35周年
東北新幹線が6月23日、開業35周年を迎えた。1982年に盛岡―大宮間で開業。首都圏と東北を結ぶ大動脈として走り続け、昨年度までに約16億9千万人が利用した。

⑮北上の東芝新工場決まる
東芝は9月6日、2008年に計画しながら延期していた半導体のフラッシュメモリー新工場を北上市に建設すると発表した。2020年ごろからの量産開始を目指す。

⑯一戸の一野辺製パン破産
一戸町の老舗パン会社、一野辺製パンが9月27日、盛岡地裁から破産開始決定を受けた。9市町村から学校給食の委託を受けていたため、約1万6500食に影響が出た。

⑰高級米「金色の風」デビュー
本県待望のオリジナル高級米「金色の風」の店頭販売が10月8日、始まった。昨年の「銀河のしずく」に続く2年連続の新品種デビューで、ブランド化へ大きな弾みとなった。

⑱JR山田線 盛岡―宮古再開
土砂崩れによる脱線事故で不通になっていたJR山田線の上米内（盛岡）―川内（宮古）間が11月5日、運転を再開。ほぼ2年ぶりに盛岡と宮古が鉄路でつながった。

⑲台風禍1年 再起の岩泉
昨夏の台風10号で大きな被害を受けた岩泉町で、観光の主力が再起した。3月の龍泉洞を皮切りに、4月は道の駅「いわいずみ」、10月には名物の岩泉ヨーグルトが復活した。

⑳サンマとサケ、深刻な不漁
サンマと秋サケが深刻な不漁に見舞われた。サンマは10月末現在の水揚げが前年同期の半分以下、秋サケも震災前の半分程度にとどまり、イベントの中止も相次いだ。

復興

㉑震災6年 待望の商業施設
震災から6年、再生が進む中心市街地の核となる商業施設が完成。4月27日に陸前高田市の「アバッセたかた」、その2日後には大船渡市に「キャッセン」などがオープンした。

㉒流失の高田松原 再生へ植樹
約7万本の松を津波で失った陸前高田市の高田松原を復活させようと、本格的な植樹が5月27日に始まった。今後3年かけてクロマツとアカマツ約4万本を植える。

㉓釜石港に巨大クレーン導入
大型コンテナ船に対応できるガントリークレーンが9月23日、釜石市の釜石港で稼動を始めた。復興支援として大阪府から無償譲渡されたもので、荷役機能が飛躍的に高まった。

社会・話題

㉔盛岡文士劇 初の東京公演
師走の風物詩として親しまれている盛岡文士劇が1月28と29の両日、東京の紀伊国屋ホールで初上演。岩手ゆかりの作家らが、現代物と時代物で本場の観客を魅了した。

㉕マルカン大食堂が復活
昨年6月に閉店した花巻市・マルカン百貨店の大食堂が2月20日、地元企業が運営を引き継ぐ形で再開。メニューも雰囲気も閉店前と同じで、初日から大勢の市民が詰めかけた。

㉖防災センター訴訟 遺族敗訴
避難した162人が津波の犠牲になったとされる釜石市の鵜住居地区防災センターをめぐり、遺族2組が市に損害賠償を求めた訴訟で、盛岡地裁は4月21日、原告の請求を棄却した。

㉗釜石で大規模な山林火災
釜石市の尾崎半島北部で5月8日、山林火災が発生。住宅被害はなかったものの強風で延焼し、計413㌶を焼失した。被害の6割が私有林で、被害額は7億円を超えた。

㉘ミサイル通過でJアラート
8月29日早朝と9月15日朝、北朝鮮の弾道ミサイルが北海道上空を通過。全国瞬時警報システム（Jアラート）による緊急速報メールが流れ、市民生活にも影響が出た。

㉙沿岸など記録的な日照不足
8月の県内はオホーツク海高気圧の影響で曇りや雨の日が多く、5地点で日照時間が観測史上最低となった。釜石、宮古、洋野・種市は14日連続で日照時間ゼロだった。

㉚豪雨と台風 県内各地襲う
7月後半から局地的な豪雨や台風による被害が頻発した。台風は直撃こそ免れたものの8月の5号、9月の18号、10月の21号と相次ぎ、復興途上の沿岸部にも爪痕を残した。

応募要項

応募は、はがきまたは岩手日報ウェブサイトから、1人1回限りです。
◆はがき　記入例を参考に、1位から10位まで手引きの丸数字を一つずつ書いてください。一つの順位に複数の項目を並べたり、項目の番号だけを記入したりした応募は無効です。
郵便番号、住所、氏名（ふりがな）、年齢、性別、電話番号を必ず明記してください。
▽あて先　〒020―8622　岩手日報「十大ニュース」係
（※住所不要です）

〈記入例〉
1位 ㉙
2位 ⑳
3位 ㉘
10位 ⑥
郵便番号、住所
氏名(ふりがな)、年齢、性別
電話番号

※個人情報は商品券などの発送のみに使います。

◆ウェブサイト　岩手日報のウェブサイト（http://www.iwate-np.co.jp/）の特設ページから応募してください。

▽締め切り　はがきは16日（土）必着。ウェブサイトは同日午後6時まで。

▽結果発表　12月下旬
▽選定方法　応募者が選んだ項目を1位10点、2位9点、3位8点…として集計し、得点順に上位10項目を決めます。
▽入賞者　全10項目を的中（該当者がいない場合は9項目的中）した人のうち、順位を当てた数で上位入賞者を決め、総額10万円分の商品券を贈ります。同一世帯で複数入賞した場合は、上位の1人のみとさせていただきます。また、全応募者から抽選で50人に図書カード（500円分）を贈ります。

〈2016年の十大ニュース〉
❶岩手国体 本県は天皇杯2位
❷台風10号 岩泉など甚大被害
❸「二刀流」大谷が日本一貢献
④両陛下が来県、温かいお言葉
⑤バスセンター55年の歴史に幕
⑥マルカン閉店、食堂は再開へ
⑦全国障害スポ 県勢が大活躍
⑧各地でクマ騒動 初の警報も
⑨錦木、県人16年ぶり入幕
⑩北海道新幹線 県民も関心

十大ニュースの募集紙面。近年は主な出来事を30項目にまとめている

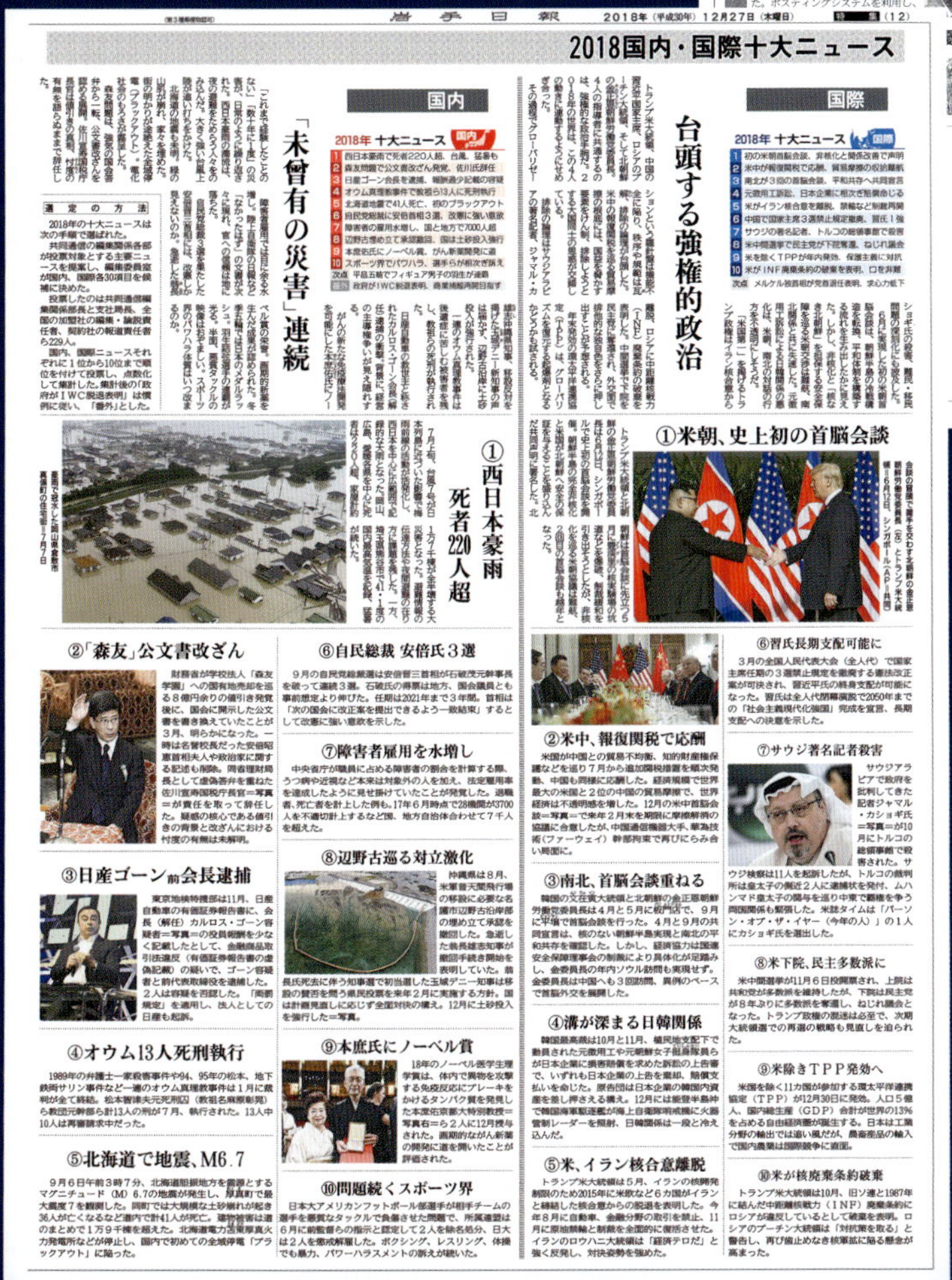

（第3種郵便物認可）　岩手日報　2018年（平成30年）12月27日（木曜日）　特集（12）

2018国内・国際十大ニュース

国内

「未曾有の災害」連続

2018年 十大ニュース 国内

1	西日本豪雨で死者220人超、台風、猛暑も
2	森友問題で公文書改ざん発覚、佐川氏辞任
3	日産ゴーン会長を逮捕、報酬過少記載の容疑
4	オウム真理教事件で教祖ら13人に死刑執行
5	北海道地震で41人死亡、初のブラックアウト
6	自民党総裁に安倍首相3選、改憲に強い意欲
7	障害者の雇用水増し、国と地方で7000人超
8	辺野古埋め立て承認撤回、国は土砂投入強行
9	本庶佑氏にノーベル賞、がん新薬開発に道
10	スポーツ界でパワハラ、選手らが相次ぎ訴え
次点	平昌五輪でフィギュア男子の羽生が連覇
番外	政府がIWC脱退表明、商業捕鯨再開目指す

選定の方法

2018年の十大ニュースは次の手順で選ばれた。
共同通信の編集関係各部が投票対象とする主要ニュースを提案し、編集委員室が国内、国際各30項目を候補に決めた。
投票したのは共同通信編集関係部長と支社局長、全国の加盟社の編集・論説責任者、契約社の報道責任者ら229人。
国内、国際ニュースそれぞれに1位から10位まで順位を付けて投票し、点数化して集計した。集計後の「政府がIWC脱退表明」は慣例に従い、「番外」とした。

①西日本豪雨 死者220人超

豪雨で浸水した岡山県倉敷市真備町の住宅街＝7月7日

②「森友」公文書改ざん

財務省が学校法人「森友学園」への国有地売却を巡る8億円余りの値引き発覚後に、国会に開示した公文書を書き換えていたことが3月、明らかになった。一時は名誉校長だった安倍昭恵首相夫人や政治家に関する記述も削除。同省理財局長として虚偽答弁を重ねた佐川宣寿国税庁長官＝写真＝が責任を取って辞任した。疑惑の核心である値引きの背景と改ざんにおける忖度の有無は未解明。

③日産ゴーン前会長逮捕

東京地検特捜部は11月、日産自動車の有価証券報告書に、会長（解任）カルロス・ゴーン容疑者＝写真＝の役員報酬を少なく記載したとして、金融商品取引法違反（有価証券報告書の虚偽記載）の疑いで、ゴーン容疑者と前代表取締役を逮捕した。2人は容疑を否認した。「両罰規定」を適用し、法人としての日産も起訴。

④オウム13人死刑執行

1989年の弁護士一家殺害事件や94、95年の松本、地下鉄両サリン事件など一連のオウム真理教事件は1月に裁判が全て終結。松本智津夫元死刑囚（教祖名麻原彰晃）ら教団元幹部ら計13人の刑が7月、執行された。13人中10人は再審請求中だった。

⑤北海道で地震、M6.7

9月6日午前3時7分、北海道胆振地方を震源とするマグニチュード（M）6.7の地震が発生し、厚真町で最大震度7を観測した。同町では大規模な土砂崩れが起き36人が亡くなるなど道内で計41人が死亡。建物被害は道のまとめで1万9千棟を超えた。北海道電力苫東厚真火力発電所などが停止し、国内で初めての全域停電「ブラックアウト」に陥った。

⑥自民総裁 安倍氏3選

9月の自民党総裁選は安倍晋三首相が石破茂元幹事長を破って連続3選。石破氏の得票は地方、国会議員とも事前想定より伸びた。任期は2021年まで3年間。首相は「次の国会に改正案を提出できるよう一致結束」するとして改憲に強い意欲を示した。

⑦障害者雇用を水増し

中央省庁が職員に占める障害者の割合を計算する際、うつ病や近視など本来は対象外の人を加え、法定雇用率を達成したように見せ掛けていたことが発覚した。退職者、死亡者を計上した例も。17年6月時点で28機関が3700人を不適切計上するなど国、地方自治体合わせて7千人を超えた。

⑧辺野古巡る対立激化

沖縄県は8月、米軍普天間飛行場の移設に必要な名護市辺野古沿岸部の埋め立て承認を撤回した。急逝した翁長雄志知事が撤回手続き開始を表明していた。翁長氏死去に伴う知事選で初当選した玉城デニー知事は移設の賛否を問う県民投票を来年2月に実施する方針。国は計画見直しに応じず全面対決の構え。12月に土砂投入を強行した＝写真。

⑨本庶氏にノーベル賞

18年のノーベル医学生理学賞は、体内で異物を攻撃する免疫反応にブレーキをかけるタンパク質を発見した本庶佑京都大特別教授＝写真右＝ら2人に12月授与された。画期的ながん新薬の開発に道を開いたことが評価された。

⑩問題続くスポーツ界

日本大アメリカンフットボール部選手が相手チームの選手を悪質なタックルで負傷させた問題で、所属連盟は6月に前監督らの指示と認定して2人を除名処分、日大は2人を懲戒解雇した。ボクシング、レスリング、体操でも暴力、パワーハラスメントの訴えが続いた。

国際

台頭する強権的政治

2018年 十大ニュース 国際

1	初の米朝首脳会談、非核化と関係改善で声明
2	米中が報復関税で応酬、貿易摩擦の収拾難航
3	南北が3回の首脳会談、平和共存へ共同宣言
4	元徴用工訴訟、日本企業に相次ぎ賠償命じる
5	米がイラン核合意を離脱、禁輸など制裁再開
6	中国で国家主席3選禁止規定撤廃、習氏1強
7	サウジの著名記者、トルコの総領事館で殺害
8	米中間選挙で民主党が下院奪還、ねじれ議会
9	米を除くTPPが年内発効、保護主義に対抗
10	米がINF廃棄条約の破棄を表明、ロを非難
次点	メルケル独首相が党首退任表明、求心力低下

①米朝、史上初の首脳会談

会談の冒頭で握手を交わす北朝鮮の金正恩朝鮮労働党委員長（左）とトランプ米大統領＝6月12日、シンガポール（AP＝共同）

②米中、報復関税で応酬

米国が中国との貿易不均衡、知的財産権保護などを巡り7月から追加関税措置を順次発動、中国も同様に応酬した。経済規模で世界最大の米国と2位の中国の貿易摩擦で、世界経済は不透明感を増した。12月の米中首脳会談＝写真＝で来年2月末を期限に摩擦解消の協議に合意したが、中国通信機器大手、華為技術（ファーウェイ）幹部拘束で再びにらみ合い局面に。

③南北、首脳会談重ねる

韓国の文在寅大統領と北朝鮮の金正恩朝鮮労働党委員長は4月と5月に板門店で、9月に平壌で首脳会談を行った。4月と9月の共同宣言は、核のない朝鮮半島実現と南北の平和共存を確認した。しかし、経済協力は国連安全保障理事会の制裁により具体化が足踏みし、金委員長の年内ソウル訪問も実現せず。金委員長は中国へも3回訪問、異例のペースで首脳外交を展開した。

④溝が深まる日韓関係

韓国最高裁は10月と11月、植民地支配下で動員された元徴用工や元朝鮮女子勤労挺身隊員らが日本企業に損害賠償を求めた訴訟の上告審で、いずれも日本企業の上告を棄却、賠償支払いを命じた。原告団は日本企業の韓国内資産を差し押さえる構え。12月には能登半島沖で韓国海軍駆逐艦が海上自衛隊哨戒機に火器管制レーダーを照射、日韓関係は一段と冷え込んだ。

⑤米、イラン核合意離脱

トランプ米大統領は5月、イランの核開発制限のため2015年に米欧など6カ国がイランと締結した核合意からの脱退を表明した。今年8月に自動車、金融分野の取引を禁止、11月に原油禁輸と制裁を全面的に復活させた。イランのロウハニ大統領は「経済テロだ」と強く反発し、対決姿勢を強めた。

⑥習氏長期支配可能に

3月の全国人民代表大会（全人代）で国家主席任期の3選禁止規定を撤廃する憲法改正案が可決され、習近平氏の終身支配が可能になった。習氏は全人代閉幕演説で2050年までの「社会主義現代化強国」完成を宣言、長期支配への決意を示した。

⑦サウジ著名記者殺害

サウジアラビアで政府を批判してきた記者ジャマル・カショギ氏＝写真＝が10月にトルコの総領事館で殺害された。サウジ検察は11人を起訴したが、トルコの裁判所は皇太子の側近2人に逮捕状を発付、ムハンマド皇太子の関与を巡り中東で覇権を争う両国関係も緊張した。米誌タイムは「パーソン・オブ・ザ・イヤー（今年の人）」の1人にカショギ氏を選出した。

⑧米下院、民主多数派に

米中間選挙が11月6日投開票され、上院は共和党が多数派を維持したが、下院は民主党が8年ぶりに多数派を奪還し、ねじれ議会となった。トランプ政権の混迷は必至で、次期大統領選での再選の戦略も見直しを迫られた。

⑨米除きTPP発効へ

米国を除く11カ国が参加する環太平洋連携協定（TPP）が12月30日に発効。人口5億人、国内総生産（GDP）合計が世界の13%を占める自由経済圏が誕生する。日本は工業分野の輸出では追い風だが、農畜産品の輸入で国内農業は国際競争に直面。

⑩米が核廃棄条約破棄

トランプ米大統領は10月、旧ソ連と1987年に結んだ中距離核戦力（INF）廃棄条約にロシアが違反しているとして破棄を表明。ロシアのプーチン大統領は「対抗策を取る」と警告し、再び歯止めなき核軍拡に陥る懸念が高まった。

国際・国内の十大ニュース

平成31
2019
1.1〜4.30

冷たい雨の中、たろう観光ホテルの前で手をつなぎ、海に向け黙とうする住民ら＝3月11日午後2時46分、宮古市田老

アスレチックス戦に先発し、第1球を投げ込むマリナーズ・菊池雄星投手＝3月21日、東京ドーム

雄星投手、マリナーズ入り

盛岡市出身の菊池雄星投手(27)＝花巻東高＝が1月、プロ野球西武からポスティングシステムで米大リーグ、マリナーズへの入団を決めた。奥州市出身のエンゼルス大谷翔平選手(花巻東高)に続き、県人2人目のメジャーリーガーが誕生した。

3月21日に東京ドームで行われたアスレチックスとの開幕第2戦でメジャー初登板。5回途中2失点で降板し勝敗はつかなかった。この試合に出場したイチロー外野手(45)が現役引退を表明し、憧れの背番号51と最初で最後の「共演」となった。6試合目の登板となる4月20日のエンゼルス戦でメジャー初勝利を挙げた。

陵侑選手が個人総合V

ノルディックスキー・ジャンプ男子で八幡平市出身の小林陵《りょう》侑《ゆう》選手(22)＝土屋ホーム、八幡平・松尾中−盛岡中央高＝が、日本男子初のワールドカップ(W杯)個人総合優勝を果たした。欧州勢以外の総合王者は初めての快挙。

陵侑選手は史上3人目となるジャンプ週間4戦全勝を達成したほか、ノルウェー国内を転戦する「ロー・エアー(RAW AIR)」と、フライングヒル6試合で争うスキーフライングも制し、W杯の主要4タイトルを独占した。1シーズンの勝利数も史上2位の13勝を挙げた。

2月の世界選手権ジャンプ男子団体では日本が3位に入り、兄の潤志郎選手(雪印メグミルク、八幡平・松尾中−盛岡中央高−東海大)とともに銅メダルを獲得した。

三陸鉄道リアス線開通

国内最長163キロの第三セクター鉄道となる三陸鉄道リアス線(大船渡・盛−久慈間)が3月23日に全線開通、沿岸部が一本のレールでつながった。JR山田線釜石−宮古間(55・4キロ)は東日本大震災の津波で不通となり、三鉄への移管で8年ぶりの列車運行が実現。震災による県内の

ノルディックスキーのW杯ジャンプで日本男子初の個人総合優勝を決めた小林陵侑選手。札幌市で行われた個人第16戦は3位に入った＝1月27日、札幌市・大倉山ジャンプ競技場

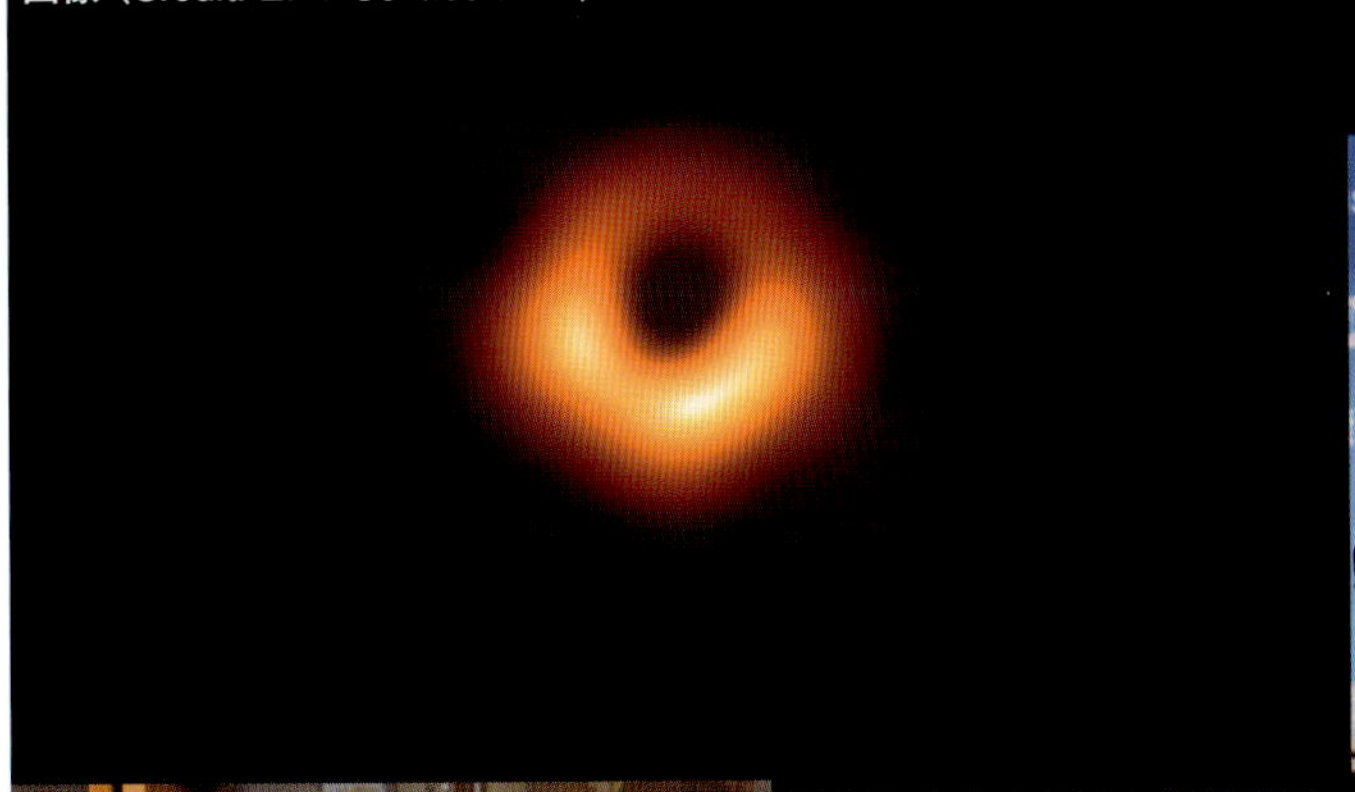

EHTで撮影したM87中心ブラックホールの画像（Credit: EHT Collaboration）

ジャンプ男子団体で銅メダルを獲得して喜ぶ（左から）佐藤幸椰選手、伊東大貴選手、小林潤志郎選手、小林陵侑選手＝2月24日、オーストリア・ゼーフェルト

国立天文台水沢VLBI観測所の本間希樹所長

不通区間はすべて解消された。

震災8年 大槌旧庁舎解体

東日本大震災から3月11日で8年。町長ら町職員39人が津波で犠牲になった大槌町の旧役場庁舎の解体工事が3月、終了した。旧庁舎をめぐっては解体か保存か、町を二分する議論となり、工事差し止めを求める住民訴訟にまで発展した。

復興支援道路の釜石道（釜石市―花巻市、80キロ）が3月9日に全線開通。三陸道の釜石南―釜石両石間も同時開通し、内陸から釜石までのアクセスが飛躍的に向上した。

ブラックホール撮影に成功

地球から約5500万光年離れたM87銀河の中心にある超巨大ブラックホールの輪郭撮影に、日本などの国際チームが史上初めて成功した。

4月10日に世界6カ所で同時記者会見が開かれ、東京では国立天文台水沢VLBI観測所（奥州市）の本間希樹《まれき》教授（47）が、アインシュタインの一般相対性理論を裏付ける偉業を説明した。

観測には世界13機関の約200人が参加。日本チームは水沢VLBI観測所の研究者らが中心的な役割を担い、観測装置の開発や膨大なデータ解析などに貢献。前身の旧緯度観測所設置から120年の節目に花を添えた。

錦木関が初金星

1月の大相撲初場所で、東前頭2枚目の錦木関（本名熊谷徹成、伊勢ノ海部屋、盛岡・米内中）が東横綱の鶴竜を寄り切り、横綱初挑戦で金星を挙げた。本県出身力士の金星は51年ぶりだった。

● この年のキーワード

「そだねー」／「半端ないって」／スーパーボランティア／働き方改革／悪質タックル／奈良判定／「チコちゃんに叱られる！」

● 墓碑銘

田畑ヨシ（紙芝居で津波伝承）／西澤潤一（県立大初代学長）／樹木希林（俳優）／西城秀樹（歌手）／さくらももこ（漫画家）／加藤剛（俳優）／津川雅彦（俳優）／朝丘雪路（俳優、歌手）／浅利慶太（演出家）／高畑勲（アニメ監督）／石牟礼道子（作家）／星野仙一（プロ野球監督）／衣笠祥雄（プロ野球）／元横綱・輪島大士／桂歌丸（落語家）／金子兜太（俳人）／加古里子（絵本作家）／スティーブン・ホーキング（科学者）

平成30
2018

5 釜石鵜住居復興スタジアムが完成。釜石シーウェイブスRFCなどの試合が行われた＝8月19日

7 ユネスコの無形文化遺産に登録された「吉浜のスネカ」＝1月15日、大船渡市三陸町吉浜

2 第158回芥川賞に決まった若竹千佐子さん＝1月16日

1 本拠地初登板となったアスレチックス戦で開幕2連勝を飾った大谷翔平選手＝4月8日、アナハイム・エンゼルスタジアム

1. 大谷選手　メジャー新人王
2. 芥川賞に遠野出身若竹さん
3. 雄星投手も大リーグ挑戦
4. 岩手競馬で禁止薬物検出
5. 釜石鵜住居復興スタジアム開業
6. 宮古－室蘭フェリー就航
7. 「スネカ」無形文化遺産に
8. 錦木関が幕内通算１００勝
9. １等米比率で全国トップ
10. 平昌冬季五輪で本県選手躍動
11. 小林陵侑選手がジャンプW杯初勝利
12. 盛岡で絆まつり、30万人魅了
13. 東芝メモリ北上新工場着工
14. 本県初の国際定期便就航
15. 猛暑で熱中症対策に本腰
16. 花巻東センバツ8強
17. 県人口125万人割れ
18. 花巻農高が郷土芸能日本一
19. 震災7年、沿岸の整備進む
20. 貝毒や不漁、苦境続く水産業

スポーツ

大リーグ・エンゼルスに移籍した大谷翔平選手が、ベーブ・ルース以来となる本格的な投打の「二刀流」で本場を沸かせた。史上初となる同一シーズンでの「10試合登板、20本塁打、10盗塁」を達成し、ア・リーグの最優秀新人（新人王）に選出された。日本選手では4人目、17年ぶりの快挙となった。右肘《ひじ》の故障で後半戦は打者に専念したが、投手で4勝2敗、防御率3・31、打者では打率2割8分5厘、

【国際】

1. 初の米朝首脳会談、非核化と関係改善で声明
2. 米中が報復関税で応酬、貿易摩擦の収拾難航
3. 南北が3回の首脳会談、平和共存へ共同宣言
4. 元徴用工訴訟、日本企業に相次ぎ賠償命じる
5. 米がイラン核合意を離脱、禁輸など制裁再開
6. 中国で国家主席3選禁止規定撤廃、習氏1強
7. サウジの著名記者、トルコの総領事館で殺害
8. 米中間選挙で民主党が下院奪還、ねじれ議会
9. 米を除くTPPが年内発効、保護主義に対抗
10. 米がINF廃棄条約の破棄を表明、ロを非難

●次点：メルケル独首相が党首退任表明、求心力低下

【国内】

1. 西日本豪雨で死者220人超、台風、猛暑も
2. 森友問題で公文書改ざん発覚、佐川氏辞任
3. 日産ゴーン会長を逮捕、報酬過少記載の容疑
4. オウム真理教事件で教祖ら13人に死刑執行
5. 北海道地震で41人死亡、初のブラックアウト
6. 自民党総裁に安倍首相3選、改憲に強い意欲
7. 障害者の雇用水増し、国と地方で7000人超
8. 辺野古埋め立て承認撤回、国は土砂投入強行
9. 本庶佑氏にノーベル賞、がん新薬開発に道
10. スポーツ界でパワハラ、選手らが相次ぎ訴え

●次点：平昌五輪でフィギュア男子の羽生結弦選手が連覇
●番外：政府がIWC脱退表明、商業捕鯨再開目指す

8 栃煌山を破り、幕内通算100勝を達成した錦木関＝11月16日

3 クライマックスシリーズ・ファイナルステージのソフトバンク戦で力投する西武・菊池雄星投手＝10月17日

6 本県初の宮古市と北海道・室蘭市を結ぶ定期フェリーが就航した＝6月22日

引退会見でサッカー人生や岩手への思いを語る小笠原満男選手＝12月28日

10 女子ビッグエアで4位となった岩渕麗楽選手＝2月22日、平昌

22本塁打、61打点、10盗塁を記録した。シーズン終了直後に右肘靱帯《じんたい》再建手術を受けた。

日本球界を代表する左腕に成長した菊池雄星投手は、エースとして西武の10年ぶりパ・リーグ制覇に貢献。12月にポスティングシステムによるメジャー移籍へ動き出した。

2月の平昌《ピョンチャン》冬季五輪で本県関係選手は過去最多の5人が出場。スノーボード女子の岩渕麗《れい》楽《ら》選手(一関学院高1年)はビッグエアで4位。ノルディックスキージャンプ男子の小林潤志郎選手(雪印メグミルク)と陵侑《りょうゆう》選手(土屋ホーム)は兄弟で奮闘し、陵侑選手は2種目で入賞した。同複合の永井秀昭選手(岐阜日野自動車、盛岡南高－早大)は団体で4位入賞した。

大相撲の錦木関(伊勢ノ海部屋)は11月の九州場所で、栃乃花関以来となる幕内通算100勝目を挙げた。

サッカーJ1鹿島の小笠原満男選手(盛岡・大宮中－大船渡高)が12月、39歳で現役引退を表明した。大船渡高を卒業後の1998年に鹿島入りし、常勝軍団の攻守の要として活躍。リーグ3連覇の2009年に年間最優秀選手賞を受賞した。J1通算で史上6位の525試合に出場し69得点した。

文化

遠野市出身の若竹千佐子さん(65)＝千葉県木更津市＝のデビュー作「おらおらでひとりいぐも」が第158回芥川賞を受賞。2回連続で本県関係の受賞となった。大船渡市三陸町の「吉浜のスネカ」など8県10件の行事で構成する「来訪神　仮面・仮装の神々」が11月、ユネスコの無形文化遺産に決まった。

経済・産業

生産調整(減反)廃止元年の2018年産米で、本県の1等米比率は99・3%となり、全国トップの数字を残した。宮古市と北海道室蘭市を結ぶ本県初の定期フェリーが6月に就航。台湾と花巻空港を結ぶ本県初の国際定期便は8月に実現した。

岩手競馬で7月以降、計5頭から禁止薬物の筋肉増強剤を検出。故意的な混入とみられ、県競馬組合は防犯カメラの増設など対策に追われた。

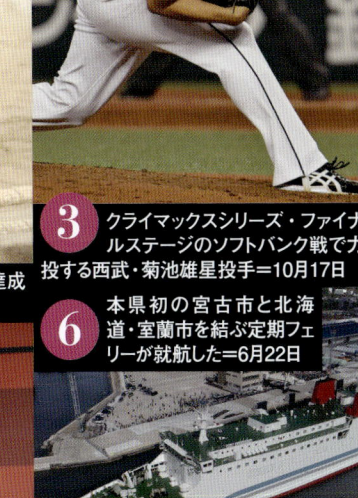

平成29
2017

● **この年のキーワード**

忖度（森友・加計問題）／インスタ映え／フェイクニュース／パンダのシャンシャン／ペットボトルコーヒー／うんこ漢字ドリル

● **墓碑銘**

遊座昭吾（石川啄木研究）／横田綾二（本県初の共産県議）／日野原重明（医師）／小林麻央（フリーアナ）／船村徹（作曲家）／ペギー葉山（歌手）／平尾昌晃（作曲家）／松方弘樹（俳優）／大岡信（詩人）／羽田孜（第80代首相）／葉室麟（作家）／佐藤さとる（児童文学）／野際陽子（俳優）／渡瀬恒彦（俳優）／京唄子（夫婦漫才）／野村沙知代（野村克也氏の妻）／元横綱・佐田の山／ロジャー・ムーア（英俳優）／ディック・ブルーナ（ミッフィー生みの親）

1 エンゼルスのユニホームに袖を通し会見する大谷翔平選手＝12月9日、アナハイム・エンゼルスタジアム

2 最多勝と最優秀防御率の2冠に輝いた菊池雄星投手

8 日没後に燃え広がる釜石市平田の山林火災現場＝5月8日

1. 大谷選手、来季は大リーグ
2. プロ8年目、雄星投手2冠
3. 沼田さん、県人初の芥川賞
4. サンマとサケ　深刻な不漁
5. 高級米「金色の風」デビュー
6. ミサイル通過でＪアラート
7. 突然の衆院選　前職３氏制す
8. 釜石で大規模な山林火災
9. 衆院定数本県「３」に削減
10. 豪雨と台風　県内各地襲う
11. 五輪担当相に鈴木俊一氏
12. 不来方高が３年連続合唱日本一
13. 盛岡大付が春夏連続甲子園８強
14. ボルダリング日本一に14歳伊藤ふたば選手
15. マルカン大食堂が復活
16. ＪＲ山田線　盛岡－宮古再開
17. 東北新幹線が開業35周年
18. 沿岸など記録的な日照不足
19. ジャンプ小林潤志郎選手がＷ杯Ｖ
20. 一戸の一野辺製パン破産

スポーツ

本県出身のアスリートが全国、世界で活躍した。プロ野球日本ハムで投打の「二刀流」で活躍した大谷翔平選手(23)は12月、ポスティングシステムにより米大リーグエンゼルスへの移籍が決まった。西武の菊池雄星投手はプロ８年目で最多勝と最優秀防御率の２冠に輝き、ベストナイン、ゴールデングラブ賞にも選ばれた。

冬季スポーツはスキージャンプ男子の小林潤志郎選手（雪印

【国際】

1. 「米国第一」掲げトランプ政権発足、TPPなど離脱
2. 北朝鮮の核・ミサイル開発加速、ICBMや水爆実験
3. 韓国で朴槿恵大統領逮捕、革新系の文在寅政権が発足
4. 金正男氏殺害、北朝鮮で拘束の米大学生は帰国後死亡
5. 中国共産党大会、権力集中強める習近平体制2期目に
6. 英がEU離脱正式通知、2段階式で通商協議入りへ
7. 核廃絶ICANにノーベル平和賞、文学賞イシグロ氏
8. 核兵器禁止条約採択、米ロなど核保有国や日本不参加
9. ISの「首都」ラッカ陥落、各地で掃討され壊滅状態
10. 欧州や中東で爆弾、銃器などによる無差別テロ相次ぐ

●次点：米大統領選でのロシア干渉疑惑捜査が本格化

【国内】

1. 衆院選で自民大勝、立民躍進、希望失速で小池氏辞任
2. 天皇陛下2019年4月30日退位、翌日皇太子さま即位
3. 森友、加計学園問題、国会で首相を追及、忖度争点に
4. 神奈川県座間市で9人の切断遺体、無職の27歳逮捕
5. 「共謀罪」法が成立・施行、犯罪を計画の段階で処罰
6. 日産、神鋼、東レと三菱マテ子会社の製造現場で不正
7. 電通で過労自殺、違法残業で罰金、NHKで過労死も
8. 日馬富士が暴行問題で引退、稀勢の里は新横綱で優勝
9. 桐生が日本人初めての10秒突破、陸上男子100メートル
10. 首相が改憲20年施行に意欲、各党との隔たり大きく

●次点：九州北部の豪雨、福岡と大分39人死亡。激甚災害

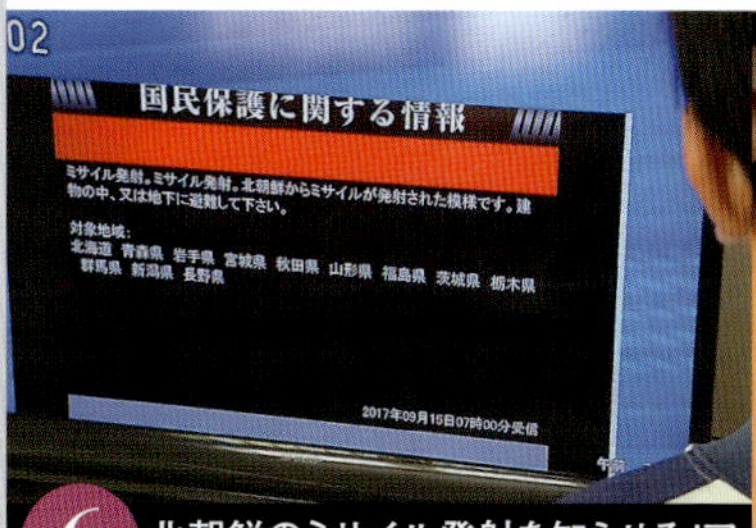

6 北朝鮮のミサイル発射を知らせるJアラート＝9月15日

3 芥川賞を受賞した沼田真佑さん

5 「金色の風」をPRするのんさん（中央）ら

10 台風18号の大雨で冠水した釜石市の中心市街地＝9月18日

4 不漁が続く秋サケ漁＝宮古
魚市場

メグミルク）が、ワールドカップ（W杯）第1戦で初優勝。スノーボード女子の岩渕麗楽《れいら》選手（一関学院高1年）は、ビッグエアでW杯初Vを果たした。

スポーツクライミングのボルダリング日本一を決める1月のジャパンカップでは、14歳の伊藤ふたば選手（盛岡・松園中2年）が史上最年少優勝した。

文化

盛岡市の沼田真佑《しんすけ》さん（38）のデビュー作「影裏《えいり》」が第157回芥川賞に選ばれた。本県関係の同賞受賞は初。沼田さんは父親が盛岡市出身で、受賞作は震災を題材に主人公の心の動きを繊細に描いた。

10月の全日本合唱コンクール全国大会で不来方高音楽部が最高賞を受賞。3年連続7度目の日本一を達成した。

政治

10月の衆院選は「1票の格差」是正に伴い、本県の小選挙区が4から3に削減されて初の選挙となった。1区階猛氏（希望）、2区鈴木俊一氏（自民）、3区小沢一郎氏（無所属）の前職が議席を守った。

経済

本県最高級のオリジナル水稲品種「金色《こんじき》の風」の店頭販売が始まった。前年の「銀河のしずく」に続く2年連続の新品種デビューで、ブランド米市場から注目を集めた。

前年6月に閉店したマルカン百貨店（花巻市）の大食堂が、地元企業が運営を引き継ぐ形で2月に再開した。

「タマゴパン」などで知られる一野辺製パン（一戸町）が9月、盛岡地裁から破産開始決定を受けた。9市町村から学校給食の委託を受けていたため、約1万6千食に影響が出た。

社会

8月29日早朝と9月15日朝、北朝鮮の弾道ミサイルが北海道上空を通過。全国瞬時警報システム（Jアラート）による緊急速報メールが流れるなど、緊張が走った。

釜石市の尾崎半島北部で5月、山林火災が発生。住宅被害はなかったものの強風で延焼し、計413ヘクタールを焼失した。

平成28
2016

● この年のキーワード

トランプ大統領／「神ってる」／ポケモンGO／ピコ太郎／恋ダンス／「君の名は。」／「この世界の片隅に」／「シン・ゴジラ」

● 墓碑銘

高橋令則（元参議院議員）／永六輔（放送タレント）／大橋巨泉（司会者）／蜷川幸雄（演出家）／平幹二朗（俳優）／千代の富士（第58代横綱）／平尾誠二（神戸製鋼ラグビー）／三代目桂春団治（落語家）／中村紘子（ピアニスト）／冨田勲（シンセサイザー奏者）／三笠宮さま（昭和天皇の末弟）／むのたけじ（ジャーナリスト）／ムハマド・アリ（ボクシングヘビー級）／デビッド・ボウイ（英歌手）／プリンス（米歌手）／ジョージ・マイケル（英歌手）

4 集まった町民らに言葉を掛けて回られる天皇、皇后両陛下＝9月9日、山田町役場

1 旗を振って笑顔で入場行進する本県選手団＝10月1日、北上市・北上総合運動公園陸上競技場

3 完封劇でリーグ優勝を決め喜ぶ大谷翔平選手（中央）＝9月28日

7 解団式で互いの健闘をたたえ合う本県選手団＝10月24日

1 完全岩手国体本県は天皇杯2位
2 台風10号、岩泉など甚大被害
3 「二刀流」大谷、日本一に貢献
4 両陛下が来県　温かいお言葉
5 盛岡バスセンター55年の歴史に幕
6 マルカン閉店　食堂は再開へ
7 全国障スポ大会　県勢が大活躍
8 各地でクマ騒動　初の警報も
9 錦木関、県人16年ぶり入幕
10 北海道新幹線開業　県民も関心

スポーツ

本県46年ぶりの本大会となった第71回国民体育大会「希望郷いわて国体」が10月に行われた。県勢はなぎなた、フェンシング、剣道、空手道で初優勝するなど16種目を制した。冬季競技と競泳も開催した「完全国体」は、天皇杯（男女総合成績）と皇后杯（女子総合）ともに目標を大きく上回る2位だった。陸上競技や競泳にはリオ五輪のメダリストが出場し、会場は熱気に包まれた。第16回全国障害者スポーツ

11 大震災5年　復興と風化防止
12 評価上々、銀河のしずくデビュー
13 中2いじめ自殺　同級生を送致
14 不来方高音楽部が全国V2
15 盛岡大付　強打で「夏」16強
16 参院選岩手、木戸口英司氏が初当選
17 18歳選挙権、県内も啓発に力
18 福島沖震源に津波　浜が緊張
19 ポケモンGO　県内も人の波
20 釜石が20年ぶりセンバツ初戦突破

【国際】

1. 米大統領にトランプ氏、クリントン氏破る
2. 英国民投票でEU離脱決定、メイ新首相就任
3. 朴韓国大統領が辞意、議会の弾劾で職務停止
4. 米大統領がキューバ訪問、カストロ前議長死去
5. ベルギー、フランス、トルコなどでテロ続発
6. 租税回避地の実態暴いたパナマ文書が波紋
7. 温暖化防止のパリ協定発効、日本は遅れて批准
8. 北朝鮮が2度の核実験、ミサイル発射
9. 仲裁裁判所、南シナ海の中国主権認めず
10. ボブ・ディラン氏に歌手初のノーベル文学賞

【国内】

1. 天皇陛下が退位に強い思い、一代限りの特別法制定へ
2. 熊本地震で2度の震度7、鳥取県中部で震度6弱
3. 参院選で与党大勝、衆院含め改憲勢力3分の2超える
4. オバマ米大統領が広島訪問、伊勢志摩サミット開催
5. 相模原市の知的障害者施設で19人刺殺、元職員逮捕
6. 選挙権年齢「18歳以上」の改正公選法施行
7. 日銀が史上初のマイナス金利導入
8. リオ五輪で史上最多メダル、パラリンピック認知向上
9. 南スーダンPKO派遣自衛隊に駆け付け警護任務付与
10. 新都知事に小池氏、築地市場移転と五輪計画を見直し

●番外①：安倍首相が慰霊のため米ハワイ・真珠湾訪問
●番外②：日ロ首脳会議、北方領土帰属問題で進展なし

9 名古屋場所13日目、幕内昇進後初の勝ち越しを決めた錦木関=7月22日

5 多くのファンに見送られ、盛
バスセンターを出発する最終
ス=9月30日

6 レトロな雰囲気で人気があっ
大食堂。別れを惜しむ市民ら
連日詰めかけた=6月7日

10 北海道新幹線が開業して祝賀ムードに包まれる中、北へ向かう一番列車=3月26日、JR盛岡駅

2 閉伊川から流木が押し寄せた
道106号（奥が宮古側）。幹線道が各
で寸断された=9月1日、宮古市蟇目

大会も本県で10月に行われ、県勢は過去最多となる139個のメダルを獲得した。

プロ野球日本ハムの大谷翔平選手が投打の「二刀流」で球界を席巻。チームを日本一に導き、パ・リーグの最優秀選手に選ばれた。ベストナインの投手と指名打者を史上初めて同時に受賞し、シーズン中はプロ最速の165キロを記録した。

大相撲の錦木関（伊勢ノ海部屋）が、栃乃花関以来となる本県力士16年ぶりの入幕を果たした。中学卒業と同時に角界入りし、初土俵から10年で幕内力士の夢をかなえた。

災害

大型で強い台風10号が8月30日午後6時前、大船渡市付近に上陸。岩泉町や久慈市、宮古市を中心に沿岸部で猛烈な雨となり、県のまとめで死者20人、行方不明者3人、全半壊や浸水などの住家被害は約4300棟に上った。被害総額は戦後の風水害で最大となる1450億円超に及んだ。

最も大きな被害を受けた岩泉町では小本川の氾濫《はんらん》で高齢者グループホームの入居者9人が犠牲になり、避難勧告や指示の在り方が問われた。台風が東北の太平洋側に上陸したのは1951年の統計開始以来初めてだった。

社会

天皇、皇后両陛下は9月28日、4泊5日の日程で本県を訪れ、沿岸部の復興状況や岩手国体を視察された。近年の地方訪問では異例の長期日程は天皇陛下の強い希望で実現。8月に退位への思いを示したこともあって、沿道や訪問先には多くの県民が詰め掛けた。

経済・産業

昭和の面影を残し、市民に親しまれた施設が相次いで歴史に幕を下ろした。1960年開業の盛岡市・盛岡バスセンターは9月、55年余に及ぶ役割を終えた。花巻市のマルカン百貨店は6月に閉店。レトロな雰囲気の6階展望大食堂は43年間にわたって愛された。

本県のオリジナル米として初めて特A評価を得た「銀河のしずく」の販売が10月に始まり、県内外で人気を集めた。

平成27
2015

● この年のキーワード

五郎丸ポーズ（ラグビーW杯）／北陸新幹線／ドローン／中国人の爆買い／刀剣女子／おにぎらず／朝ドラ「あさが来た」／「火花」

● 墓碑銘

太田祖電（旧沢内村長）／白坂長栄（プロ野球阪神二塁手）／鶴見俊輔（思想家、哲学者）／野坂昭如（作家）／原節子（女優）／桂米朝（落語家）／北の湖（第55代横綱）／水木しげる（漫画家）／斉藤仁（柔道金メダリスト）／南部陽一郎（ノーベル物理学賞）／陳舜臣（作家）／坂東三津五郎（歌舞伎俳優）／松谷みよ子（児童文学作家）／平井和正（ＳＦ作家）／愛川欽也（タレント）／ベン・E・キング（米ソウル歌手）／クリストファー・リー（英俳優）

2 12奪三振の好投で15勝目を挙げた日本ハムの大谷翔平投手。プロ入り3年目で3冠を獲得した＝9月27日

1 世界遺産に登録された橋野鉄鉱山の高炉跡

2 リーグ優勝し、声援に応える畠山和洋内野手（中央）。プロ15年目で初の打点王にも輝いた＝10月2日

4 釜石市開催が決まり、喜ぶ釜石市民ら＝3月2日

11 陸前高田市・高田地区は9～12メートル盛り土されたかさ上げ部が一面に広がる＝9月11日

1 橋野鉄鉱山　世界遺産に登録
2 大谷投手3冠、畠山内野手は打点王
3 中2自殺いじめ問題波紋
4 ラグビーW杯釜石開催へ
5 知事選初、達増氏無投票３選
6 ＴＰＰ合意　懸念の声相次ぐ
7 安保関連法成立　是非問う声
8 自殺率全国ワーストに
9 震災４年復興の道半ば
10 被災運休区間、三鉄に移管へ

文化

釜石市の橋野鉄鉱山を含む「明治日本の産業革命遺産　製鉄・製鋼、造船、石炭産業」が7月、ユネスコの世界文化遺産に登録された。県内では「平泉の文化遺産」に続き2件目。東日本大震災の沿岸被災地では初の世界遺産となった。

産業革命遺産は日本の重工業発展の礎となった8県11市の23資産で構成。橋野鉄鉱山の高炉跡は現存する日本最古の洋式高炉跡で、日本の近代製鉄発展を

11 陸前高田の巨大コンベヤー役目終える
12 岩手国体へ弾み　天皇杯16位
13 錦木関が６年ぶり県人関取
14 県予算　最大の１兆１１２億円
15 ミス日本代表に山形純菜さん
16 サンマ、秋サケ軒並み不漁
17 戦後70年　平和の尊さ刻む
18 インターハイ優勝最多「９」
19 女性躍進、県議最多７人
20 江刺りんごが大量盗難

【国際】

1. 欧米や中東などで「イスラム国」(IS)関連テロが続発
2. 欧州への難民流入増大、EUで受け入れ論争
3. 米とキューバが国交回復、断交後初の首脳会談
4. 南シナ海で米中緊迫、ASEANの対応には温度差
5. ギリシャ債務でEUが支援、欧州中銀は初の量的緩和
6. 米9年半ぶり利上げ、ゼロ金利解除し金融政策正常化
7. 中国主導で投資銀行設立、国内は景気減速、元切り下げ
8. ミャンマー総選挙、スー・チー氏率いる野党へ政権交代
9. VWの排ガス規制で不正発覚、全世界でリコール
10. FIFA汚職事件で会長、副会長に8年の活動停止処分

●番外:COP21で温室ガス排出実質ゼロ目指す協定採択

【国内】

1. 安保法が成立、集団的自衛権行使可能に
2. TPP大筋合意、国内では農協改革
3. 辺野古移設埋め立て工事強行、知事は承認取り消し
4. 「イスラム国」が日本人2人の殺害映像公開
5. 新国立競技場計画見直し、五輪エンブレムも使用中止
6. 川内原発再稼働、東電事故の廃棄物処分と廃炉は難航
7. 首相が戦後70年談話、天皇陛下は「深い反省」
8. ノーベル医学生理学賞に大村氏、物理学賞に梶田氏
9. ラグビーW杯で日本初の3勝、南アから大金星
10. 関東・東北豪雨で大規模水害、口永良部島など噴火

●番外:最高裁、夫婦別姓禁止は合憲、女性再婚制限は違憲

9 新学期の朝、再建された新校舎に登校する高田高の生徒=4月8日

12 和歌山国体ボクシング少年ミドル級で連覇を果たした梅村錬選手(江南義塾盛岡高)=10月5日

8 人々の苦しみに寄り添うNPO法人岩手自殺防止センター。日に10件以上の電話に対応することもある=盛岡市

5 無投票で3選を果たし、笑顔で花束を受け取る達増拓也氏。右は陽子夫人=8月20日

伝える貴重な遺産価値が認められた。

スポーツ

本県出身選手がプロ野球のタイトルを獲得した。日本ハムの大谷翔平選手はパ・リーグ投手部門で最多勝、最優秀防御率、勝率1位の3冠に輝いた。ヤクルトの畠山和洋内野手(専大北上高)はプロ15年目で初の打点王となり、14年ぶりのリーグ制覇に貢献した。大谷選手は先発投手部門のファン投票1位でオールスターに出場。プロ1年目にも外野手で選出されており、投手と野手両方でファン投票選出を果たした史上2人目の選手となった。

ラグビーの2019年ワールドカップ(W杯)日本大会の開催地に釜石市が選ばれた。震災復興につなげようと、県と釜石市が共同で立候補し、全国12会場の一つに選ばれた。会場の「釜石鵜住居復興スタジアム」は2018年、津波で被災した校舎跡地周辺に完成した。

社会

東日本大震災から4年。津波で校舎が全壊した陸前高田市の高田高の新校舎が完成、4月8日に始業式が行われた。高田高の他にも被災した沿岸の小中学校14校のうち13校が再建された。

陸前高田市の高台造成地から土砂を運ぶ巨大ベルトコンベヤーは9月に運転を終了。東京ドーム四つ分、ダンプトラックで約9年かかる500万立方㍍もの土砂を1年半で搬出した。

本県の自殺率が28年ぶりに全国ワーストになった。2014年の人口動態統計で、10万人当たりの自殺者数が26・6となり、19年連続ワーストだった秋田県を上回った。

政治・経済

震災後、運休しているJR山田線の宮古―釜石間について、三陸鉄道に運営を移管して復旧することが決まった。環太平洋連携協定(TPP)が10月、大筋で合意。1次産業を中心に影響を懸念する声が相次いだ。

任期満了に伴う知事選は8月20日に告示され、現職の達増拓也氏が無投票で3選。戦後18回目となる知事選で初の無投票となった。

● この年のキーワード
青色LED（ノーベル賞）／STAP細胞／「アナと雪の女王」／妖怪ウォッチ／カープ女子／塩レモン／終活
● 墓碑銘
大矢邦宣（平泉文化遺産センター館長）／高倉健（俳優）／菅原文太（俳優）／宇津井健（俳優）／土井たか子（元衆院議長）／山口淑子（俳優「李香蘭」）／渡辺淳一（作家）／やしきたかじん（歌手）／赤瀬川原平（作家）／本島等（元長崎市長）／小野田寛郎（元陸軍少尉）／安西水丸（イラストレーター）／深町幸男（演出家）／小林カツ代（料理研究家）／ロビン・ウィリアムス（米俳優）／ダニエル・キイス（米作家）

平成26
2014

1 宮古駅を出発する北リアス線下りの記念列車＝4月6日

2 オールスター第2戦で先発し、球速162キロを2度マークした全パ・大谷翔平投手＝7月19日

3 大みそかの滝沢市誕生イベントで声高らかに合唱する住民＝2013年12月31日

1 震災3年　三鉄完全復旧
2 大谷投手　国内最速162キロ
3 滝沢市誕生　中心部形成へ
4 21年ぶりの完全国体決定
5 SL復活「銀河」定期運行
6 滝沢でAKB切りつけ
7 衆院選　小沢氏4区死守
8 さんさ太鼓　ギネス奪還
9 山田NPO　代表理事逮捕
10 県北中心に記録的大雪

社会

東日本大震災で被災した三陸鉄道は4月6日、最大の被害を受けた北リアス線田野畑－小本間の運行を再開した。5日の南リアス線釜石－吉浜間と合わせ、南北リアス線107・6キロが完全復旧を果たした。

東日本大震災で発生した本県分のがれきと津波堆積物の処理が3月いっぱいで完了。約573万トンの処理は地元だけでなく、内陸部や県外の処理施設も協力した。陸前高田市気仙町今

11 燃油高続き復興直撃
12 本県分がれき処理完了
13 盛岡で山林77ヘクタール焼く
14 盛岡大付　夏の甲子園初勝利
15 3人がドラフト指名
16 コンベヤー　高台造成加速
17 自衛権容認　県民の声二分
18 ホッケー沼宮内高女子35年ぶり頂点
19 狩野亮選手がパラ五輪スキー連覇
20 震災追悼施設　国が整備へ

【国際】

1. スンニ派過激派が「イスラム国」樹立
2. 西アフリカでエボラ出血熱が猛威
3. ロシアがクリミア編入、日米欧が制裁決定
4. 韓国でセウォル号沈没、高校生ら304人死亡・不明
5. 米中間選挙で民主党惨敗、オバマ政権の運営苦しく
6. 17歳マララさんにノーベル平和賞
7. 民主派排除に反発、香港の学生が大規模デモ
8. ウクライナでマレーシア機撃墜される
9. FRBが量的金融緩和政策を終了
10. スコットランド独立、住民投票で否決

【国内】

1. 集団的自衛権行使容認を閣議決定
2. 消費税8%、17年ぶり増税
3. 御嶽山噴火で死者不明63人、広島豪雨は74人死亡
4. 師走の衆院選、自公が3分の2維持
5. 青色LEDで日本人3氏にノーベル物理学賞
6. 「STAP細胞」、理研が論文不正と認定
7. 朝日新聞社、過去の慰安婦記事を取り消し
8. 日銀が追加金融緩和、株高と円安に
9. 錦織選手が全米テニス準V、アジア男子初
10. 沖縄知事選、辺野古移設反対の翁長氏が当選

18 全国高校総体ホッケー女子で35年ぶりの優勝を果たした沼宮内の選手たち＝8月6日

8 3437人の和太鼓同時演奏記録を達成し「世界一」の座を取り戻した＝6月29日

10 除雪が追いつかず、立ち往生した乗用車で大渋滞が発生した＝2月16日、宮古市

5 約40年ぶりに復活運行した「C58」。釜石駅の到着を大勢の市民や鉄道ファンが喜んだ＝4月12日

泉地区の高台造成地から土砂を搬出する、総延長3キロのベルトコンベヤーが3月、試運転を開始した。

JR釜石線の花巻－釜石間で4月、「SL銀河」の定期運行がスタート。約40年前に引退し、盛岡市の県営運動公園で保存されていた蒸気機関車「C58」を復興支援として復活させた。盛岡市で6月、さんさ踊りの和太鼓を3437人が同時に演奏。当時のギネスブック公認記録を659人上回り、「和太鼓の同時演奏世界一」の座を取り戻した。

政治・経済

県内14番目の市となる「滝沢市」が1月1日に誕生。町を飛び越え、村から市に移行するのは2002年の沖縄県豊《と》見《み》城《ぐすく》村《そん》(現豊見城市)以来、全国2例目だった。師走に行われた第47回衆院選で、守勢を強いられた4区の小沢一郎氏は議席を死守、16選を果たした。

スポーツ

プロ野球のオールスター第2戦で、全パ先発の大谷翔平投手が自己最速、球宴新記録となる162キロをマーク。10月の公式戦でも再び162キロを出し、外国人を含む国内最速に並んだ。大谷選手はこのシーズン、11勝10本塁打を記録し、日本プロ野球初の2桁勝利と2桁本塁打を達成した。

インターハイの女子ホッケーで、沼宮内高(岩手町)が35年ぶりに全国制覇。ホッケーのまちが喜びに沸いた。

災害・事件

2月14日から関東甲信と東北が記録的な大雪に見舞われ、全国で15人の死者が出た。県内も県北部を中心に大雪となり、岩泉で最大77センチを記録した。奥州市江刺で男性が雪に埋まり死亡。積雪が70センチに達した久慈市では、火災現場に消防車が到着できなかった。南米チリ北部沖の地震で本県にも津波が到達。4月3日朝に久慈市で60センチを観測した。

滝沢市で開かれた人気アイドルグループAKB48の握手会で、切りつけ事件が発生。山田町では復興にかかわる補助金を不正流用したとして、NPO法人の代表理事らが逮捕された。

平成25
2013

● この年のキーワード

「今でしょ！」／あまロス／倍返し（ドラマ「半沢直樹」）／お・も・て・な・し／ヘイトスピーチ／ブラック企業／ダイオウイカ

● 墓碑銘

大滝詠一（シンガーソングライター）／常盤新平（直木賞作家）／高橋富雄（東北古代史）／納谷幸喜（元横綱大鵬）／島倉千代子（歌手）／山崎豊子（作家）／川上哲治（プロ野球巨人Ｖ9監督）／やなせたかし（漫画家）／十二代目市川団十郎（歌舞伎俳優）／三国連太郎（俳優）／大島渚（映画監督）／吉永祐介（元検事総長）／中坊公平（元日弁連会長）／納谷悟朗（声優）／夏八木勲（俳優）／藤圭子（歌手）／マーガレット・サッチャー（英元首相）

1 「最高の1年だった。胸がいっぱい」と笑顔で撮影を振り返る能年玲奈さん＝8月1日

6 ヤクルト戦に先発、1軍初登板した日本ハムの大谷翔平投手＝5月23日

2 日本一を決め、ファンの声援に応える楽天の銀次内野手＝11月3日、Kスタ宮城

3 冠水した道路を歩いて進む人たち＝8月9日、矢巾町

5 首都圏の企業関係者に岩手国体をPRする本県のマスコット「そばっち」

1 「あまちゃん」大ブームに
2 楽天日本一　銀次内野手は優秀選手
3 「経験のない」大雨、各地で被害
4 ＩＬＣ候補地に北上山地
5 16年岩手国体を正式決定
6 「二刀流」大谷投手がデビュー
7 「奇跡の一本松」再び雄姿
8 花巻東が夏の甲子園４強
9 福田こうへいさん紅白初出場
10 参院選で現職平野氏３選
11 山田のＮＰＯ問題で混乱
12 三鉄南リアス線２年ぶり再開
13 日本ジオパークに「三陸」
14 国体で陸上女子県勢旋風
15 ケネディ大使が本県訪問
16 「十年に一度」厳しい寒さ
17 本県人口１３０万人割り込む
18 八重樫東《あきら》選手がボクシング世界２階級制覇達成
19 グルージャＪ３加入決定
20 不来方高が合唱全国一に

社会

久慈市を主なロケ地としたNHKの連続テレビ小説「あまちゃん」が4月から9月まで放映された。SNS（会員制交流サイト）を中心にあまちゃんブームが巻き起こり、驚いたときに使う方言「じぇじぇじぇ」は流行語大賞に選ばれた。放送終了後は「あまロス」という言葉も登場した。

ヒロインの能年玲奈さんが東京育ちの高校生・天野アキ役を好演。宮藤官九郎さんによるテ

【国際】

1. 中国が防空識別圏設定、無人探査機の月面着陸成功
2. アルジェリアで人質事件、日本人も10人犠牲
3. 米の通信傍受など表面化、元CIA職員は亡命
4. フィリピン、台風30号で甚大な被害、犠牲者多数
5. シリアの化学兵器廃棄で合意、内戦は深刻化
6. 北朝鮮が実力者・張成沢氏粛清、3回目の核実験
7. イランの核協議で濃縮制限、制裁緩和など合意
8. エジプトで軍クーデター、モルシ大統領を解任
9. 中国で大気汚染深刻化、治安も揺らぐ
10. 新駐日米大使にキャロライン・ケネディ氏

●**番外**:マンデラ元南アフリカ大統領死去

【国内】

1. 参院選で自民圧勝、「ねじれ」解消
2. 特定秘密保護法が成立、国家安全保障会議を設置
3. 2020年の東京五輪開催決定
4. 消費税率引き上げ決定、14年4月に8%
5. 「アベノミクス」で円安株高、日銀総裁に黒田氏就任
6. 環太平洋連携協定交渉に参加
7. 東電福島第1原発で汚染水漏れ、対策に国費投入
8. 日中、日韓関係が泥沼化、首脳会談開けず
9. プロ野球で東北楽天日本一、田中24連勝の新記録
10. 衆参1票格差に無効判決、最高裁は「衆院違憲状態」

●**次点**:富士山が世界遺産、和食が無形文化遺産に
●**番外**:猪瀬都知事が辞職、徳洲会選挙違反事件絡みで

14 国体陸上成・少年女子共通400メートルリレーで県勢初優勝した(左から)川村知巳、小山
海、土橋智花、藤沢沙也加の4選手=10月8

7 周囲の足場が外された奇跡の一本松=6月8日

18 WBCフライ級で新王者となり、世界2階級
覇を果たした八重樫東(左)=4月8日

9 「沿岸被災地、そして岩手を元気づけるために一生懸命魂を込めて歌いたい」と意気込む福田こうへいさん=11月25日

8 準々決勝の鳴門戦で、8回に勝ち越し打を
つ花巻東の山下駿人選手=8月19日、甲子

ンポのよい脚本に多くの視聴者が夢中になった。ドラマに登場する三陸鉄道や「北限の海女《あま》」、郷土料理「まめぶ」も一躍、全国区になった。

大震災の津波に耐えた陸前高田市の「奇跡の一本松」の復元作業が完了。三陸鉄道の南リアス線も2年ぶりに再開された。

盛岡市在住の演歌歌手福田こうへいさん(37)が、大みそかの第64回NHK紅白歌合戦に初出場、「南部蝉《せみ》しぐれ」を熱唱した。

政治

7月の参院選で、岩手選挙区は無所属で現職の平野達男氏が自民党候補に8万票余りの大差をつけて3選を果たした。

スポーツ

プロ野球パ・リーグの東北楽天ゴールデンイーグルスが、球団創設9年目で初の日本一に輝いた。プロ野球新記録の開幕24連勝をマークした田中将大投手が軸となり、セ・リーグ覇者の巨人を4勝3敗で下した。普代村出身の銀次内野手は、第5戦で延長十回に勝ち越し打を放つなど中軸打者として活躍、シリーズ優秀選手に選ばれた。

日本ハムのドラフト1位ルーキー大谷翔平投手が5月23日、ヤクルトとの交流戦に初先発、投手と野手の「二刀流」デビューを果たした。5回6安打2失点で勝敗は付かなかった。7月のオールスターには外野手としてファン投票で選出された。

1970(昭和45)年以来、46年ぶり2度目となる国民体育大会(国体)の開催が7月、日本体育協会理事会で正式決定した。

夏の甲子園で花巻東がベスト4に進出。3回戦で大会屈指の剛腕・安楽智大投手を擁する済美(愛媛)に延長勝ち、準々決勝では鳴門(徳島)を破った。

科学・災害

素粒子研究の最先端施設となる超大型加速器・国際リニアコライダー(ILC)の候補地について、研究者のILC立地評価会議が8月、本県の北上山地(北上高地)を選定したと正式に発表した。

8月9日、県内は内陸を中心に記録的大雨となり、2人が死亡した。雫石町や矢巾町など広範囲で冠水、県は自衛隊に災害派遣を要請した。

平成24
2012

●この年のキーワード

PS細胞／「近いうちに」（野田首相）／LCC（格安航空会社）／東京スカイツリー／爆弾低気圧／塩こうじ／「聞く力」

●墓碑銘

中津文彦（作家）／工藤祐信（県人初の冬季五輪）／中村勘三郎（歌舞伎俳優）／森光子（俳優）／三笠宮寛仁さま／山田五十鈴（俳優）／新藤兼人（映画監督）／大滝秀治（俳優）／丸谷才一（作家）／吉本隆明（評論家、詩人）／小沢昭一（俳優）／淡島千景（俳優）／藤本義一（作家）／三重野康（元日銀総裁）／浜田幸一（元衆院議員）／伊藤エミ（「ザ・ピーナッツ」）／地井武男（俳優）／米長邦雄（将棋棋士）／ニール・アームストロング（アポロ11号船長）

2 大震災から1年の節目に岸壁に灯された手作りのキャンドル。参加者が犠牲者の鎮魂を祈った＝3月11日、久慈港岸壁

6 ロンドン五輪準決勝のフランス戦で、相手の猛攻をヘディングではね返す岩清水梓選手（右）＝8月6日

10 無罪判決を受けた後の集会で、大きな拍手を浴び笑顔で会場入りする小沢一郎氏＝4月28日

8 東北各地の代表的な祭が集結した東北六魂祭＝5月27日

1. 師走総選挙　政界図が激変
2. 悲しみ抱え「復興元年」
3. 大谷選手が日本ハムへ
4. 長く厳しい残暑
5. 「奇跡の一本松」永久保存
6. 岩清水選手も奮闘、なでしこ「銀」
7. 小沢氏が新党　民主議員分裂
8. いわてDCに737万人
9. セシウムの影響ジワリ
10. 陸山会事件、小沢氏は無罪
11. 震度5弱　沿岸再び緊張
12. ドクターヘリ運航開始
13. ILC　本県誘致が本格化
14. 内閣改造で平野復興相留任
15. 佐藤洋太選手が世界王者WBC
16. 東北新幹線、30年の節目
17. 盛岡で球宴　畠山選手が敢闘賞
18. 朝ドラ「あまちゃん」久慈でロケ
19. 本県初の脳死判定、移植
20. 岩手で生産　アクア初首位

政治

消費税増税に反対し民主党を除名された小沢一郎氏が7月、新党「国民の生活が第一」を旗揚げ。本県選出の国会議員は衆参4人が参加した一方、3人は民主党所属で活動することになり、県議らも含めて分裂した。

第46回衆院選は12月16日に投開票され、自民党と公明党が政権を奪還。民主党は57議席にとどまり下野した。県内4小選挙区は1区が民主・階猛氏、2区が自民・鈴木俊一氏、3区が民

【国際】

1. 米大統領選でオバマ氏再選
2. 中国で習近平氏の新指導部発足
3. 北朝鮮で金正恩氏の新体制発足、ミサイル発射強行
4. 欧州債務危機深刻化、ギリシャ総選挙で緊縮派政権発足
5. シリアの内戦状態泥沼化、邦人ジャーナリストが銃撃死
6. スー・チー氏国会議員当選、ミャンマーで民主化進む
7. ロシアで大統領選、プーチン氏が4年ぶり復帰
8. 中国の経済成長率減速、対日関係悪化の影響も
9. 日本含むチームがヒッグス粒子とみられる新粒子発見
10. 韓国大統領選で与党の朴槿恵氏当選、初の女性大統領に

●番外：米東部の小学校で銃乱射、子供含む26人殺害

【国内】

1. 衆院選で自公が政権奪還、第2次安倍内閣発足
2. 尖閣、竹島の領有権問題で日中、日韓関係が悪化
3. 消費税増税法が成立、2段階で10％へ
4. iPS細胞の山中教授にノーベル賞
5. 原発利用で国論二分、敦賀原発は廃炉濃厚
6. ロンドン五輪でメダル最多の38個
7. 新型輸送機オスプレイを沖縄配備
8. 尼崎連続変死事件、主犯格容疑者は留置場で死亡
9. 家電メーカー総崩れ、エルピーダは破綻
10. 東電が実質国有化、電力各社料金値上げへ

●番外：笹子トンネルで天井板崩落、9人死亡

5 保存のために伐採される「奇跡の一本松」＝9月12日

3 日本ハム入りを表明、栗山英樹監督と握手する花巻東高の大谷翔平投手（右）＝12月9日

4 厳しい残暑が続き、急きょ扇風機を設置した学校も＝8月27日

17 本県初開催となったプロ野球のマツダオールスターゲーム第3戦。全セの4番、ヤクルトの畠山和洋選手が本塁打を放ち敢闘賞を獲得した＝7月23日、盛岡市・県営球場

9 山菜やキノコなどに含まれる放射性物質を調べる測定員

主・黄川田徹氏、4区は日本未来・小沢一郎氏が議席を獲得。比例代表東北ブロックで本県から自民3人、未来1人が復活当選した。脱原発を掲げ、小沢氏の「生活」と合流した日本未来の党は惨敗した。

資金管理団体・陸山会の土地購入をめぐり、政治資金規正法違反の罪に問われた小沢一郎氏の無罪が11月に確定。一審に続き無罪とした東京高裁判決について、検察官役の指定弁護士3人が上告を断念した。

社会

東日本大震災からの「復興元年」、沿岸被災地で高台移転や区画整理などが動き出した。丸1年の3月11日には各地で追悼行事が行われ、犠牲者の鎮魂を祈った。

東京電力の福島第1原発事故で、県内の牧草や干しシイタケ、川魚から基準値を上回る放射性セシウムが検出された。県南3市町は国の重点地域となり、放射線量の低減に取り組んだ。

厳しい残暑が続き、8月後半になっても35度以上の猛暑日を記録。沿岸の仮設校舎や仮設住宅は暑さ対策に苦慮し、ブロイラーが大量死した。

スポーツ

夏の岩手大会で高校生史上最速となる160キロをマークした大谷翔平投手（花巻東高）に全国の注目が集まった。10月に大リーグへの挑戦を表明したが、プロ野球ドラフト会議で日本ハムが1位指名。1カ月半に及ぶ交渉で入団が決まり、ダルビッシュ有投手の背番号11を受け継ぐことになった。

ロンドン五輪のサッカー女子で「なでしこジャパン」が銀メダルを獲得。滝沢村出身の岩清水梓選手(25)が守備の要として貢献した。ホッケー女子には岩手町出身の田中泉樹選手(20)が出場した。

経済

JRグループの大型観光企画「いわてデスティネーションキャンペーン」が4月から3カ月間開かれ、約737万人の観光客が訪れた。東北6県の代表的な祭りが集結した「六魂祭《ろっこんさい》」は5月に盛岡市の中心部で行われ、2日間で約24万人もの人出となった。

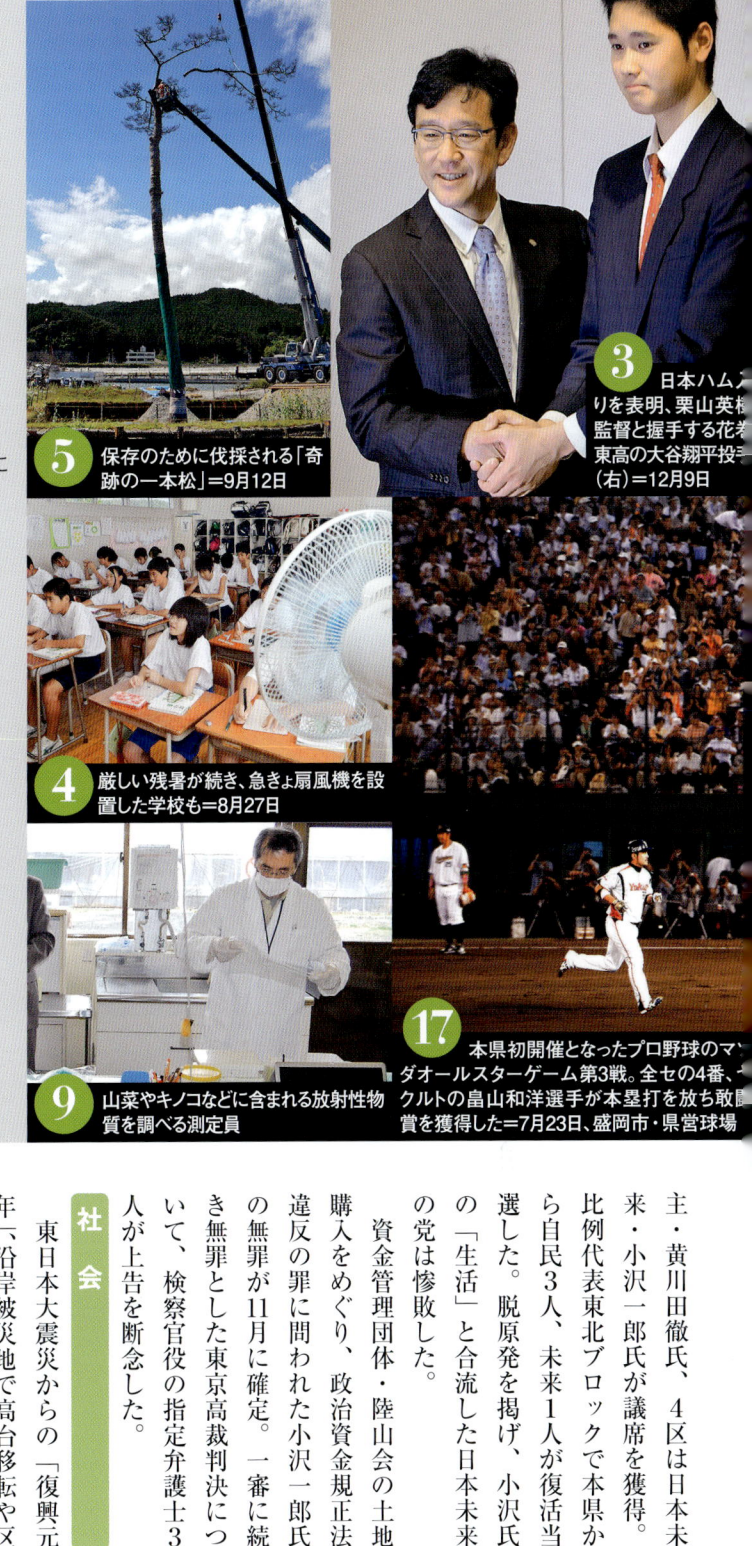

平成23 2011

● **この年のキーワード**

なでしこジャパン／絆／こだまでしょうか（金子みすゞ）／ぽぽぽぽーん（CM「あいさつの魔法。」）／計画停電／「家政婦のミタ」

● **墓碑銘**

八重樫茂生（メキシコ五輪サッカー「銅」）／山下文男（災害史研究）／立川談志（落語家）／北杜夫（作家）／田中好子（俳優）／小松左京（SF作家）／坂上二郎（コメディアン）／長門裕之（俳優）／中村富十郎（歌舞伎俳優）／西本幸雄（プロ野球元監督）／森田芳光（映画監督）／和田勉（演出家）／尾藤公（箕島高野球部監督）／隆の里（第59代横綱）／スティーブ・ジョブズ（米アップル社創業）／ピーター・フォーク（米俳優）

10 大勢の鉄道ファンと観光関係者に迎えられ、JR盛岡駅に到着する「はやぶさ」の上り一番列車＝3月5日

1 防潮堤を乗り越えて市街地をのみ込む「黒い波」＝3月11日午後3時25分、宮古市・閉伊川河口付近

9 湿った雪の重みで倒木が相次ぎ、通行止めや停電で波乱の年明けとなった内＝1月1日、二戸市石切所

2 くす玉を割り、世界文化遺産の登録決定を喜ぶ関係者＝6月26日

1. 大震災、津波で甚大な被害
2. 平泉が文化遺産登録
3. 放射性物質の影響広がる
4. なでしこ岩清水選手に県民栄誉賞
5. 小沢氏を強制起訴、公判開始
6. 達増知事が大差で再選
7. 復興相に平野氏就任
8. TPP、県内も抗議と歓迎
9. 「年越し寒波」波乱の年明け
10. 新幹線「はやぶさ」デビュー

災害

3月11日午後2時46分、国内観測史上最大となるマグニチュード9・0、震度7の巨大地震が発生。震源は宮城県沖約130キロで、本県など東日本沿岸に大津波が襲来し沿岸部が壊滅的な被害を受けた。気象庁は「東日本大震災」と命名した。

県内の死者・行方不明者、関連死は6254人（2019年2月末現在）に上り、全半壊は2万4736戸。津波の遡上《そじょう》高は宮古市内で39・7メートルに達し、明

11. 台風15号接近、大きな被害
12. 八重樫東《あきら》選手、宿願のWBA王座
13. 雄星投手が初勝利、凱旋登板も
14. 高速道の被災証明で波紋
15. 小沢氏の元秘書3人に有罪
16. 民主、県議選で過半数届かず
17. 畠山内野手が大活躍、球宴でMVP
18. NZ地震、県人女性も犠牲に
19. 弓道男子、重量挙げで全国一
20. 岩手医大、矢巾移転が本格化

【国際】

1. 北朝鮮の金正日総書記が急死、世界に波紋
2. 欧州の財政危機拡大、政権交代相次ぐ
3. 中東に民主化の波、リビアのカダフィ大佐死亡
4. 米特殊部隊がビンラディン容疑者を殺害
5. タイで大洪水、日本企業が操業停止
6. 東電福島第1原発事故、欧州に脱原発の動き
7. 米国で反格差デモ、世界へ拡大
8. ニュージーランド地震で日本人28人死亡
9. 米アップル創業者ジョブズ氏が死去
10. 中国高速鉄道で追突事故、40人死亡

●**次点**:世界人口70億人に

【国内】

1. 東日本大震災と東電福島第1原発事故
2. 菅首相が退陣、野田内閣誕生
3. サッカー女子W杯、なでしこジャパン世界一
4. 円が戦後最高値を更新、円売り介入、輸出産業苦境に
5. 野田首相がTPP交渉参加を表明
6. 東電が初の計画停電、夏は15% 節電
7. 政府要請で浜岡原発停止、九電ではやらせメール問題
8. 大阪ダブル選で橋下氏、愛知トリプル選で河村氏側完勝
9. 小沢民主党元代表を強制起訴、元秘書3人は有罪
10. 八百長問題で大相撲春場所中止、25人が角界追放

●**次点**:台風12号、15号で大きな被害

4 拍手に迎えられ、滝沢での
優勝報告会に笑顔で臨む
岩清水梓選手＝8月8日

12 WBAミニマム級新王者になった
重樫東選手。県人で初めてプロボク
シングの世界王座を獲得した

13 地元での楽天戦で力投する西武・
菊池雄星投手＝8月31日、盛岡市・県営球場

7 被災状況などを確認する平野達
復興対策担当相（右から2人目）＝
10月12日、大槌町

治三陸津波を上回った。

東京電力福島第1原発事故による放射性セシウムの影響も広がり、県産米が汚染されたかのような県外のテレビ放送は県民感情を逆なでした。

前年末から年明けに「年越し寒波」が襲来。県北、沿岸部を中心に22市町村の約7万3千戸が停電した。

スポーツ・文化

パリで開かれたユネスコ世界遺産委員会は6月、「平泉の文化遺産」の登録を決定、北海道・東北では初の世界文化遺産となった。イコモスの勧告通り柳之御所遺跡は除外されたが、3年越しの願いがかなった。

サッカー女子の「なでしこジャパン」がワールドカップ(W杯)ドイツ大会で初優勝。主力の岩清水梓選手に8月、女性初の県民栄誉賞が贈られた。

プロ野球は西武の菊池雄星投手が6月にプロ初勝利。8月の県営球場で凱旋《がいせん》登板を果たした。プロボクシングのWBAミニマム級で八重樫東《あきら》選手(大橋、黒沢尻工高－拓大出)が世界王座に就いた。

政治

小沢一郎氏の資金管理団体・陸山会の収支報告書虚偽記入事件をめぐり、検察官役の弁護士は1月、政治資金規正法違反に問われた元秘書3人と共謀したとして小沢氏を強制起訴。10月に公判が始まった。

大震災で延期された知事選は9月11日に投開票され、達増拓也氏が約43万票の支持を得て再選した。復興対策担当大臣が失言で辞任し、平野達男副大臣が昇格。9月発足の野田内閣で再任された。

岩手日報　号外

なでしこ世界一

サッカー女子W杯決勝

PK戦 米国破る

米国を破り初優勝を果たし、トロフィーを掲げて喜ぶ沢（中央）ら日本イレブン＝フランクフルト（共同）

【フランクフルト共同】サッカーの第6回女子ワールドカップ（W杯）ドイツ大会は17日（日本時間18日）、フランクフルトで決勝を行い、日本代表「なでしこジャパン」は2－2の激闘からのPK戦を3－1で制し、3大会ぶり3度目の優勝を狙った米国を破って、初優勝した。欧米勢以外での初制覇で、国際サッカー連盟（FIFA）主催大会での日本の優勝は男女を通じて史上初めての快挙。DF岩清水梓（日テレ、滝沢村出身）は先発出場し、勝利に貢献した。

沢がMVP、得点王

後半24分に先制された日本は、36分にMF宮間あや（岡山湯郷）のゴールで追い付いた。延長前半14分に再び先行を許したが、同後半12分に主将のMF沢穂希（INAC）が同点ゴールを決め、PK戦に持ち込んだ。PK戦ではGK海堀あゆみ（INAC）が2人のキックを止めた。

沢は大会の最優秀選手に選出され、通算5ゴールで大会得点王にもなった。

FIFAランキングは米国が1位で、日本が4位。日本女子のW杯、五輪での最高成績だった北京五輪の4位を大きく塗り替えた。

日本―米国　延長後半、同点ゴールを決め、ガッツポーズの沢。左は丸山

詳報は日報本紙で
購読申し込みはフリーダイヤル 0120・240840

2011年7月18日付号外

● この年のキーワード
はやぶさ帰還／イクメン／AKB48／食べるラー油／岡ちゃん、ごめん（W杯サッカー）／「ゲゲゲの女房」／「もしドラ」
● 墓碑銘
井上ひさし（劇作家、作家）／長岡輝子（舞台俳優）／三浦哲郎（芥川賞作家）／元横綱・初代若乃花／星野哲郎（作詞家）／石井好子（シャンソン歌手）／藤田まこと（俳優）／池内淳子（俳優）／小林繁（プロ野球投手）／つかこうへい（劇作家）／谷啓（タレント）／榊莫山（書道家）／立松和平（作家）／佐野洋子（絵本作家）／玉置宏（テレビ司会）／フアン・アントニオ・サマランチ（IOC元会長）／J・D・サリンジャー（米作家）／デニス・ホッパー（米俳優）

平成22
2010

10 金メダルを獲得した水本圭治選手（左）組＝11月26日

3 小沢一郎氏について、強制起訴すべきとする2回目議決結果が張り出された東京地裁の掲示板＝10月4日

2 津波で壊滅的な被害を受けた養殖資材を片付ける漁業者たち＝6月10日、陸前高田市・米崎漁港

1 猛暑で例年以上の人出でにぎわう室内プール

1 記録的猛暑　熱中症死者も
2 チリ地震で18億円津波被害
3 地元衝撃　小沢氏強制起訴へ
4 民主代表選小沢氏敗れる
5 参院選県内勝利も民主大敗
6 裁判員裁判スタート
7 中学生スポーツ全国V続々
8 景気足踏み、回復の実感遠く
9 10年産コメ　概算金大幅値下げ
10 アジア大会県勢３人「金」

災害

全国同様、岩手も記録的な猛暑に見舞われた。盛岡の8月の平均気温は1924年の観測以来最高の26・2度となり、県内34観測地点のうち26地点で記録を更新。最高気温が30度を超える真夏日は盛岡で24日を数えた。熱中症の疑いで6人が死亡。冷房による消費電力は過去最高を記録した。

南米チリ中部で2月27日午前（日本時間午後）、マグニチュード8・8の巨大地震が発生。三

11 国道３４２号、２年ぶり開通
12 公取委が80社の談合認定
13 ＪＲ岩泉線で脱線、復旧遠く
14 教員不祥事で逮捕者続出
15 小林潤志郎選手、世界Ｊ複合金メダル
16 女優長岡輝子さんが死去
17 中川慧悟さんが将棋高校全４冠
18 上海万博に南部鉄瓶出展
19 作家井上ひさしさん死去
20 山田町で談合、元課長ら逮捕

【国際】

1. 北朝鮮の延坪島砲撃などで朝鮮半島緊迫
2. チリ鉱山事故で作業員33人を69日ぶり救出
3. 北朝鮮・金正日総書記の後継に三男正恩氏
4. 中国、日本のGDPを抜き世界第2位の経済大国に
5. 欧州の財政・金融危機。ギリシャから波及
6. 中国の民主活動家、劉暁波氏にノーベル平和賞
7. 米中間選挙で与党民主党が敗北
8. 「通貨安」競争が激化。先進国と新興国が対立
9. メキシコ湾の油井事故で原油が大量流出
10. 胡錦濤中国国家主席の後継に習近平氏

●番外:ウィキリークスが米外交公電を大量暴露

【国内】

1. 尖閣諸島で中国漁船が巡視船に衝突。ビデオ流出騒ぎも
2. 参院選で民主党大敗。ねじれ国会に
3. 厚労省元局長に無罪判決。特捜検事らを逮捕
4. 普天間移設で日米合意。鳩山内閣は辞職し菅内閣誕生
5. 宮崎県で口蹄疫の被害が拡大
6. 観測史上最高の猛暑。熱中症多発で死者も
7. 小惑星イトカワから探査機「はやぶさ」が帰還
8. 所在不明の高齢者が続々判明。「無縁社会」も深刻に
9. ノーベル化学賞に根岸英一、鈴木章両氏
10. 円高が進行、15年ぶりの高水準に

●次点:検察審査会が小沢一郎氏の強制起訴を議決

7 ライバルと健闘をたたえ合う土橋智花選手(右)

7 スタンドの本県関係者に手を振る陣ケ岡胤選手

5 参院選岩手選挙区で再選を果たした主浜了氏(中央)=7月11日

6 判決言い渡し後、記者会見で県内初の裁判員を務めた心境などを語る男性=1月29日

9 在庫過剰で生産者米価が大幅に下落、店頭の小売価格も下がった

13 崩落した土砂に乗り上げ、脱線したJR岩泉線の事故車両=7月31日午前11時21分、岩泉町大川

陸沿岸に大津波警報が発令され、8万2千人に避難指示が出た。各地で1メートルを超す津波が観測され、養殖ワカメやホタテガイが打撃を受けた。

政治

政権交代後初の本格的な国政選挙となった第22回参院選は7月に行われ、与党民主党は44議席と大敗。自民党が改選第1党となる中、岩手選挙区は民主党公認の現職主浜了氏が大差で再選した。

小沢一郎氏が9月の民主党代表選に出馬。菅直人首相との一騎打ちに臨んだが大差で敗れ、「小沢総理大臣」誕生はならなかった。資金管理団体の土地購入をめぐる収支報告書虚偽記入事件で、東京第5検察審査会は10月、小沢氏を起訴すべきとする2回目の議決結果を公表。小沢氏は政治資金規正法違反罪で強制起訴されることになった。

スポーツ・文化

中学生スポーツで全国覇者が次々生まれた。陸上女子200メートルの土橋智花《つちはしともか》選手(盛岡・見前3年)と、競泳男子200メートル背泳ぎの陣ケ岡胤《じんがおかつづき》選手(紫波一3年)が8月の全国大会で優勝。6人制ホッケー女子では一方井が川口との「岩手町対決」を制して3度目の日本一を果たした。

8月の全国高校総合文化祭の将棋部門男子個人で中川慧梧《けいご》さん(岩手高3年)が優勝。史上初となる高校生4冠を達成した。

女性演出家の草分けとして活躍、ドラマ「おしん」の大奥さま役などで親しまれた俳優の長岡輝子さん(盛岡市出身)が10月、102歳で死去。ベストセラー小説「吉里吉里人」や人形劇「ひょっこりひょうたん島」など、本県とゆかりが深い作家の井上ひさしさんは4月、75歳で他界した。

8万人に避難指示
岩手日報
号外
本県初の大津波警報
チリM8.8巨大地震
久慈30センチ、釜石20センチ
県内水門すべて閉鎖
詳報は日報朝刊で

2010年2月28日付号外

平成21
2009

● この年のキーワード

政権交代／「トラスト・ミー」(鳩山元首相)／2位じゃダメなんですか／新型インフルエンザ／草食男子／「おくりびと」

● 墓碑銘

永田（旧姓佐々木）七重（女子マラソン）／福田繁雄（グラフィックデザイナー）／村田栄三（高校野球監督）／須知徳平（作家）／千田孝信（中尊寺元貫首）／森繁久弥（俳優）／平山郁夫（日本画家）／古橋広之進（競泳）／三遊亭円楽（落語家）／大原麗子（俳優）／南田洋子（俳優）／忌野清志郎（ミュージシャン）／山城新伍（俳優）／土井正三（巨人V9二塁手）／中島梓（評論家、作家）／三木たかし（作曲家）／マイケル・ジャクソン（米歌手）

1 センバツ決勝で1失点完投の力投を見せた菊池雄星投手＝4月2日

1 選手権大会の準々決勝で延長10回の激闘を制した花巻東高の選手たち＝8月21日

1. 花巻東センバツ準V、夏4強
2. 新型インフル感染拡大
3. 衆院選、民主が全県制覇
4. 世界不況、県内も大打撃
5. 早池峰神楽が無形文化遺産
6. 県警不正経理、本部長ら処分
7. ETC効果、観光地にぎわう
8. 小沢氏が民主党幹事長に
9. 秘書逮捕で小沢代表辞任
10. 5施設無床化、民間移管も

スポーツ・文化

花巻東が甲子園で快進撃を見せた。春のセンバツは、菊池雄星投手が12奪三振の快投を見せ、県勢25年ぶりの初戦突破。勢いに乗ってこまを進めた決勝では清峰（長崎）に0－1で敗れ、あと一歩で日本一の夢を逃した。夏の甲子園は長崎日大、横浜隼人（神奈川）、東北（宮城）、明豊（大分）を撃破。準決勝で優勝した中京大中京（愛知）に敗れたものの、県勢90年ぶりのベスト4を果たし、県民栄誉賞を受

11. 新卒者雇用一段と厳しく
12. 初の「裁判員」76人呼び出し
13. 北朝鮮ミサイル本県通過
14. 酒気帯びで県警幹部逮捕
15. 「平泉」資産絞り世界遺産再挑戦
16. 国体の主会場は北上に
17. 大学野球で富士大全国準V
18. 宝くじ殺人で懲役15年判決
19. 梅雨明けなし、夏は天候不順
20. 県立初の中高一貫校開校

【国際】

1. オバマ米新政権スタート。「核なき世界」でノーベル平和賞
2. 米自動車大手GM、クライスラーが経営破綻
3. 北朝鮮が6カ国協議離脱、核実験
4. アフガンの治安悪化。米が軍隊増派含む新戦略
5. イラク多国籍軍に幕。米軍が都市部から撤退
6. 歌手のマイケル・ジャクソンさん急死
7. 中国が建国60周年。経済は8% 成長
8. 金融サミット開催。「ドバイ・ショック」で為替など激動
9. 2016年夏季五輪のリオ開催決まる
10. EU新基本条約が発効。新「大統領」にベルギー首相

●次点：ボルト選手が陸上100、200㍍で驚異的な世界新

【国内】

1. 衆院選で民主党圧勝。政権交代で鳩山政権誕生
2. 裁判員裁判がスタート
3. 新型インフルエンザが大流行、死者も増加
4. 円高、デフレ宣言。日航の経営危機など企業業績悪化
5. 事業仕分け、ハツ場ダム中止など新政権の政策続々と
6. 年越し派遣村に多くの人。失業率最悪レベル
7. 足利事件でDNA不一致の菅家さん釈放、再審開始
8. WBCで日本が連覇。イチロー、松井もメジャーで活躍
9. 核持ち込みなどの外交密約で元次官らの証言相次ぐ
10. 地方の高速道路が土日祝日、1,000円で乗り放題

●次点：芸能人らの薬物、大麻事件相次ぐ

8 両院議員総会で幹事長就任あいさつをする小沢一郎氏＝9月15日

4 生産を終了、閉鎖が決まったソニーイーエムシーエス千厩テック＝5月14日

5 ユネスコの無形文化遺産として登録された早池峰神楽の岳神楽（左）と大償神楽

賞した。10月のプロ野球ドラフト会議では6球団が菊池投手を1位指名、西武が交渉権を獲得した。

花巻市大迫町の早池峰神楽が9月、ユネスコの無形文化遺産に登録された。岳《たけ》神楽と大償《おおつぐない》神楽の両保存会をはじめ、地元や関係者が吉報に沸いた。

政治

東京地検特捜部は3月、政治資金規正法違反容疑で小沢一郎民主党代表の公設第1秘書を逮捕、起訴した。小沢氏は代表を辞任したが「一点のやましいところもない」と議員辞職や離党を否定した。

8月の第45回衆院選は民主党が圧勝、政権交代を果たした。県内4小選挙区はすべて民主党が勝利、比例代表東北ブロックでも議席を獲得した。自民党は参院を含め本県の議席をすべて失った。衆院選を圧勝に導いた手腕により、小沢氏は民主党幹事長に就任した。

社会・経済

世界的な不況が県内にも波及した。企業倒産による上期の負債総額は300億円を超え、統計を開始した1966年以降で最悪に。操業の縮小や工場閉鎖も相次ぎ、盛岡市のシティ青山は6月に閉店した。

新型インフルエンザが大流行し、県内でも未成年者を中心に感染が拡大。県立医療機関の無床化をめぐり県議会が紛糾。達増知事が本会議場で土下座し、関連予算案の可決を求めた。

4月5日、北朝鮮の長距離弾道ミサイルが、本県上空の大気圏外を飛び越え太平洋に落下。「発射」の一報に緊張が走った。

本県初の県立中高一貫校となる一関一高付属中が4月に開校した。学区制を設けず、2・85倍の難関を突破した78人が入学した。

岩手日報

花巻東センバツ準V

決勝0−1 清峰（長崎）に惜敗

県勢の甲子園最高成績

号外

詳報は日報朝刊で

2009年4月2日付号外

平成20 2008

●この年のキーワード

後期高齢者／暫定税率（ガソリン価格）／大連立構想／「あなたとは違うんです」（福田首相）／アラフォー／iPhone／毒入りギョーザ／蟹工船／「何も言えねー」（北島康介）／生キャラメル

●墓碑銘

長沢正夫（県野球連盟名誉会長）／大沢靖（県ラグビー協会元会長）／市川崑（映画監督）／赤塚不二夫（漫画家）／遠藤実（作曲家）／フランク永井（歌手）／緒形拳（俳優）／水野晴郎（映画評論家）／筑紫哲也（ニュースキャスター）／石井桃子（児童文学作家）／ポール・ニューマン（米俳優）／チャールトン・ヘストン（米俳優）／アーサー・C・クラーク（SF作家）

2 カナダのケベックで7月3日（日本時間）から開かれたユネスコの第32回世界遺産委員会

1 6月14日の岩手・宮城内陸地震の激しい揺れで陥没した道路。奥が崩落した祭時大橋＝6月18日、一関市厳美町

9 選が承認さい、記者会見る民主党の小沢一郎代表＝9月21日

4 商品販売を見合わせる張り紙を掲示する担当者＝1月31日

1. 2度の大地震、風評被害も
2. 平泉の世界遺産「登録延期」
3. ガソリン高騰、値上げ相次ぐ
4. 輸入食品汚染に危機感
5. 県、県警など不正経理
6. 宝くじ当せん女性殺害される
7. 栃乃花関引退　四ツ車が十両昇進
8. 県医療局が6施設無床化計画案
9. 小沢氏、民主代表に無投票3選
10. 大井さんパラ五輪連続メダル

災害

2度の強い地震が岩手を襲った。6月14日朝、一関市西部を震源地とするマグニチュード（M）7・2の直下型地震が発生。奥州市衣川区と宮城県栗原市で震度6強を観測し、一関市の国道342号祭時《まつるべ》大橋が崩落した。本県の死者2人を含む、死者・行方不明者は23人に上った。

7月24日未明には本県の沿岸北部を震源地とするM6・8の地震で洋野町大野と野田村野田で震度6弱を記録。県内だけで

11. 北京五輪県人選手に熱い声援
12. 三船恭太郎君「12歳の文学賞」大賞
13. 一方井中ホッケー女子全国V
14. スキー小林潤志郎選手が大活躍
15. 御所野含む縄文遺跡群、世界遺産候補に
16. 17歳女性の遺体、殺人と断定
17. 2人殺害、被告に死刑判決
18. 合併3農協スタート
19. 釜石で山火事、160ヘクタール焼失
20. 県競馬委託拡大、09年度は断念

【国際】

1. 米国発の金融危機が拡大、世界不況に
2. 第44代米大統領に民主党オバマ氏、初のアフリカ系
3. 中国・四川省で大地震、死者・不明8万人超す
4. 原油価格、食料価格が高騰し、貧困国で暴動
5. 中国で初の五輪開催。チベットで暴動、聖火リレー混乱も
6. 米国が北朝鮮のテロ支援国家指定を解除
7. ミャンマーを大型サイクロン直撃、死者・不明13万人
8. インド経済の中心地ムンバイで同時テロ
9. ロシアの新大統領就任。グルジアとの武力紛争が勃発
10. アフガニスタンの治安が悪化。日本人誘拐・射殺

●次点：中国製粉ミルクのメラミン汚染が波及

【国内】

1. 福田首相退陣。後継麻生首相の支持率急降下
2. 景気後退で株価は急落、円高騰
3. 秋葉原や大阪の個室ビデオ店などで無差別犯罪
4. 冷凍ギョーザ、汚染米転売など食への不信高まる
5. 日本人学者4人がノーベル物理学賞と化学賞受賞
6. 後期高齢者医療制度がスタート
7. 暫定税率議決でガソリン価格の狂騒曲
8. 元厚生次官らの連続殺傷事件
9. 標準報酬月額の改ざん、年金不信拡大
10. 非正規雇用が過去最高に。「蟹工船」ブーム

●次点：北京五輪で北島康介、上野由岐子選手ら活躍

7 記者会見で十両昇進の喜びを語る四ツ車関（右）と師匠の伊勢ノ海親方=10月1日

3 夏が上昇のピークとなったガソリン価格=6月1日

5 記者会見で不正な会計処理を謝罪する県幹部=10月18日

10 銅メダルを胸に、出迎えた町民らの声援に応える大井利江さんと妻の須恵子さん=9月20日、洋野町

8 委員会室前の廊下に並び、請 を審査する県議に無床化の計 撤回を訴える住民=12月8日

90人が重軽傷を負った。

スポーツ・文化

ユネスコの世界遺産委員会が7月7日（日本時間）にカナダ・ケベックで開かれ、「平泉の文化遺産」は「登録延期」となった。諮問機関イコモスが5月に登録延期を勧告、世界遺産委でも「普遍的な価値の証明が不十分」との指摘を受けた。

大相撲の元小結、栃乃花関（34）が初場所12日目に引退し、年寄「二十山《はたちやま》」を襲名した。花巻市出身の幕下四ツ車（28）が9月の秋場所で全勝優勝。初土俵から苦節12年で関取の座をつかんだ。中学生の活躍も目立ち、全日本中学生ホッケーで女子の一方井（岩手町）が27年ぶりに優勝。ノルディックスキーの小林潤志郎選手（盛岡中央高）もジャンプや複合で全国大会を制した。

9月の北京パラリンピックで、車いす男子円盤投げの大井利江さん（60）が銅メダル。2大会連続でメダルを獲得した。8月の北京五輪には、ホッケー女子の小沢みさき選手（23）、サッカー女子の岩清水梓選手（21）、バドミントン男子の佐藤翔治選手（25）の3選手が出場した。

社会

値上がりが続いたガソリン。ピークの8月にはレギュラーが1㍑当たり180円台となり、過去に例がない高値が家計を圧迫した。燃油高騰で7月15日には漁業の全国一斉休漁が行われた。殺虫剤成分が混入した中国製の冷凍ギョーザによる中毒症状が1月に発覚。県内でも同じ工場製の冷凍食品が撤去されるなど、輸入食品に対する不信感が高まった。

行政

事務用品などの購入に充てる公金を業者の口座にプールする「預け」など、県や県警で不正経理が表面化。県議会は12月、一般会計決算などを異例の不認定とした。

岩手日報 号外

平泉、登録延期に

世界遺産委が決議

政府、推薦書再提出へ

再審査、早くて2年後

詳報は日報朝刊で

2008年7月7日付号外

●**この年のキーワード**
消えた年金／食品偽装／KY（空気が読めない）／どげんかせんといかん（東国原英夫・宮崎知事）／鈍感力／ハニカミ王子（石川遼）／「千の風になって」／ビリーズブートキャンプ

●**墓碑銘**
三好京三（直木賞作家）／安藤睦夫（「北上夜曲」作曲）／椎名素夫（元参院議員）／宮沢喜一（第78代首相）／平岩外四（元経団連会長）／植木等（コメディアン）／阿久悠（作詞家）／小田実（作家）／黒川紀章（建築家）／山口小夜子（モデル）／横山ノック（タレント、元大阪府知事）／坂井泉水（ZARD）／ムスチスラフ・ロストロポービッチ（チェロ奏者）／シドニー・シェルダン（米作家）

平成19
2007

1 決勝　盛岡商─作陽　後半40分、盛岡商はFW成田大樹選手（9）のセンタリングをFW東舘勇貴選手（10）が股下でスルー、走り込んできたMF千葉真太朗選手（8）が決勝ゴールを決める＝1月8日、東京・国立競技場

1. **盛岡商が高校サッカー全国V**
2. **達増氏が圧勝、新知事に**
3. **朝ドラ「どんど晴れ」人気を呼ぶ**
4. 増田氏が総務相就任
5. 岩手競馬存続も厳しい運営
6. 大雨で被害が相次ぐ
7. 石油製品値上がりが直撃
8. 国道283号仙人峠道路が開通
9. 衆参で民主3氏当選
10. 小沢代表が辞意撤回
11. 各地で記録的な猛暑
12. 国道455号早坂トンネル開通
13. 住職と母親殺害、容疑者を逮捕
14. 「平泉」の審査、予定通り来年
15. 学生野球憲章違反で処分
16. 県議選、民主は第1党を確保
17. 新体操男子、滝沢南中が全国優勝
18. 盛岡市、中核市に指定
19. 史上最も暖かい1月
20. 県の財源不足鮮明に

スポーツ

第85回全国高校サッカー選手権で、県勢としては遠野以来46年ぶりに決勝進出を果たした盛岡商が初優勝。全国4080校の頂点に立った。3回戦で強豪武南（埼玉）にPK戦勝ちを収めると、広島皆実（広島）と八千代（千葉）も撃破して決勝に進出。1月8日の決勝は作陽（岡山）に先制を許したものの、MF林勇介選手（2年）とMF千葉真太朗選手（3年）のゴールで逆転勝ち。大会直前に心臓手術を行っ

【国際】

1. 米サブプライム問題で世界の経済・金融に混乱
2. 原油が1バレル90ドル台に高騰。穀物価格も上昇
3. 6カ国協議で北朝鮮の核無能力化など合意
4. ミャンマーで反政府デモ。取材中の長井健司さん射殺
5. 地球温暖化問題でゴア氏らにノーベル平和賞
6. 英国首相、フランス大統領と欧州指導者が交代
7. 食品、玩具など中国製品の安全性へ疑惑噴出
8. 米、イラクに部隊増派。一部で治安改善も、なお混迷
9. 金正日総書記、盧武鉉大統領が南北首脳会議
10. イランの核開発で安保理が追加経済制裁

●**次点**：ロシアでプーチン翼賛体制が強まる
●**番外**：米大リーグで松坂、岡島、イチローらが活躍

【国内】

1. 参院選で自民党が歴史的惨敗。「ねじれ国会」に
2. 安倍晋三首相が突然退陣。後任に福田康夫氏
3. 「消えた年金」で社保庁に対する怒り沸騰
4. 防衛装備疑惑で守屋前防衛次官を逮捕
5. 「白い恋人」から船場吉兆まで止まらぬ食品偽装
6. 「政治とカネ」問題が噴出。松岡農相が自殺
7. 震度6強の能登、中越沖地震。原発の安全性に疑問も
8. テロ特措法期限切れ。海自がインド洋撤収
9. 憲法改正手続きを定めた国民投票法が成立
10. 伊藤一長長崎市長が射殺される

●**次点**：ネットカフェ難民など格差拡大が深刻に
●**番外**：山中京大教授、ヒトの皮膚細胞から万能細胞作製

5 存続が決まり、4月の開幕を迎えた岩手競馬＝奥州市・水沢競馬場

3 盛岡さんさ踊りに登場した比嘉愛未さん（中央）＝8月1日

2 知事選で初当選した達増拓也氏＝4月8日

6 和賀川の増水で橋脚部分から真っ二つに折れた桐沢橋＝9月18日、西和賀町沢内

7 ガソリンや灯油の値上げが家計を圧迫した

9 そろって万歳する平野達男氏（左）と階猛氏＝7月29日、盛岡市

4 安倍改造内閣で総務相に起用された増田寛也氏

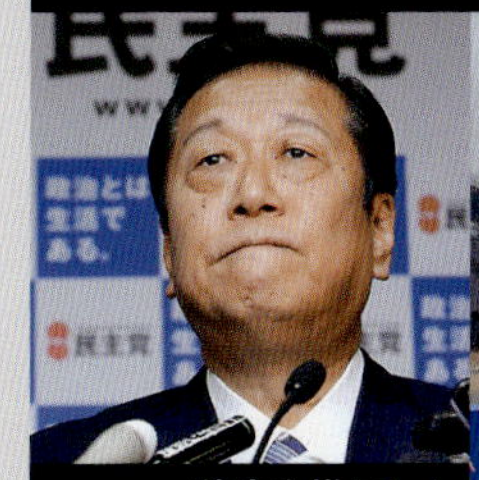

10 辞意を撤回した小沢代表＝11月7日

8 仙人峠を貫き、西へと延びる新しい道路の完成を祝った開通式＝3月18日、釜石市

た斎藤重信監督(59)にとっても悲願の全国制覇となった。

政治・行政

5候補が争った4月の知事選で、前衆院議員の達増拓也氏(42)＝民主党推薦＝が45万票余りを獲得して初当選した。

7月の参院選は平野達男氏が再選し、同日の衆院1区補選では新人の階猛《しなたけし》氏(40)が当選。民主党が参院選比例代表と合わせ3議席を獲得した。前知事の増田寛也氏が8月、安倍改造内閣の総務相に就任。9月の福田新内閣で再任された。民主党の小沢一郎代表が11月、自民党との大連立構想をめぐる混乱から辞意を表明。慰留を受けて2日後に撤回した。

巨額赤字を整理するため、県と盛岡市、奥州市が総額330億円を県競馬組合に融資する議案が3月、県議会本議会で否決された。その後、盛岡市と奥州市の負担額を10億円ずつ増やす修正案が可決され、岩手競馬は廃止を免れた。

沿岸と内陸を結ぶ国道283号仙人峠道路、上郷道路が3月に、岩泉と盛岡の難所を解消する国道455号早坂トンネルは10月に開通した。

社会・災害

本県が初の舞台となったNHK朝の連続テレビ小説「どんど晴れ」が4月から9月まで放送され、ヒロイン比嘉愛未さんが老舗旅館の若おかみ夏美役を熱演した。

原油価格の高騰でガソリンや灯油が値上がり。12月にはレギュラーガソリンが1リットル当たり150円台、配達灯油も18リットルで1800円近くに迫った。

9月半ば、台風9号縦断から2週間も立たずに大雨が襲い、最大5500世帯に避難指示・勧告が出され、2人が犠牲になった。

岩手日報
号外
盛岡商が全国制覇
高校サッカー
作陽（岡山）に2－1
詳報は日報朝刊で
盛岡商メンバー

2007年1月8日付号外

● この年のキーワード

WBC優勝／イナバウアー（荒川静香）／格差社会／mixi（ミクシィ）／ハンカチ王子（斎藤佑樹投手）／脳トレ／「国家の品格」

● 墓碑銘

高橋喜平（氷雪研究）／本田竹広（ジャズピアニスト）／吉村昭（作家、「三陸海岸大津波」）／橋本龍太郎（第82代首相）／青島幸男（作家、東京都知事）／灰谷健次郎（児童文学者）／今村昌平（映画監督）／丹波哲郎（俳優）／岸田今日子（俳優）／藤岡琢也（俳優）／はらたいら（漫画家）／米原万里（作家）／斎藤茂太（精神科医）／牧野直隆（日本高野連名誉会長）／ポール・モーリア（仏作曲家、指揮者）／大木金太郎（プロレスラー）

平成18 2006

1 巨額負債を抱え、存廃問題に揺れた岩手競馬＝9月、盛岡競馬場

2 4市町村が合併し誕生した新「花巻市」＝1月1日

3 記者会見で翌春の知事選への不出馬を表明する増田知事＝10月30日

4 新代表に選出された小沢一郎代表。右は鳩山由紀夫幹事長＝4月11日

5 県内の高校でも未履修が発覚。「多大な迷惑をかけた」と頭を下げる県教委幹部＝10月26日

7 雪捨て場がパンクし、道路わきに雪の山が連なった盛岡市内＝2月1日

1. 存廃の岐路に立つ岩手競馬
2. 平成の大合併、新5市1町誕生
3. 増田知事、4選不出馬表明
4. 民主代表に小沢氏
5. 県内37高校でも必修科目未履修
6. 平泉、世界遺産に大きく前進
7. 30年間で「最も長く寒い冬」
8. 各地で殺人事件相次ぐ
9. 福岡中が全中軟式野球で初出場V
10. 県北、沿岸中心に暴風雨被害
11. 岩手公園愛称は「盛岡城跡公園」
12. 上野石之助さん63年ぶり帰郷
13. 遠野高サッカー37年ぶり全国4強
14. 盛岡駅西口にアイーナ開館
15. 県人口140万人割れ
16. 本県舞台の朝ドラ決まる
17. 小笠原満男選手がセリエAに移籍
18. IGR、2新駅が開業
19. 民放も地デジ放送開始
20. 北田・水本組が全国高校総体 カヌー初代王者

政治・行政

ピーク時の売り上げが689億円にも上り、地方競馬の優等生とも言われた岩手競馬。しかし、「オーロパーク」の巨額建設費や売り上げ低迷で負債が300億円近くに膨らみ、存廃が大問題に。県と盛岡市、奥州市が最大330億円を融資し、赤字なら廃止という基準を設定した改革案が11月の県競馬組合議会で決定した。岩手競馬の存廃問題で揺れる中、増田寛也知事が10月、「やれることはすべて

【国際】

1. 北朝鮮が地下核実験を実施。国連が制裁
2. 米中間選挙で共和党敗北、国防長官を更迭
3. イラクが内戦状態。フセイン元大統領に死刑判決
4. 原油価格が一時1バレル78ドルに高騰
5. インドネシア・ジャワ島で2回の大地震、死者6,000人超
6. イスラエルがレバノンに侵攻しヒズボラと激戦
7. イランが核開発継続、米欧と対立続く
8. サッカーW杯はイタリア優勝、日本は1次リーグ敗退
9. 国際天文連合が冥王星を惑星から格下げ
10. タイで軍事クーデター、タクシン首相亡命

●次点:反プーチン派の不審死が相次ぐ

【国内】

1. 安倍政権が発足。首相は直後に中韓歴訪
2. 粉飾やインサイダー、「ヒルズ族」逮捕
3. 秋篠宮家に男子誕生。皇室として41年ぶり
4. 自治体の官製談合で県知事逮捕相次ぐ
5. いじめ自殺、未履修などで教育現場混乱
6. マンション耐震偽装問題で元建築士ら逮捕
7. 改正教育基本法が成立。防衛庁の「省」昇格法も
8. 日銀がゼロ金利を解除、景気は「いざなぎ」超え
9. トリノ冬季五輪でフィギュア荒川静香選手が「金」
10. 飲酒運転の悲惨な事故が多発し厳罰化の動き

●次点:日米両政府が米軍再編で最終合意

10 浸水した家屋から家財道具を運び出す作業に追われる住民=久慈市

9 優勝パレードで沿道の祝福に笑顔でこたえる福岡中の選手たち=8月26日、二戸市

6 2008年の世界遺産登録へ向け、ユネスコへの推薦が決定した「平泉」

やった」として3期12年での引退を表明、波紋を広げた。

民主党の代表選が4月に行われ、小沢一郎前副代表が、菅直人元代表を破り、新代表に就任。9月に無投票再選を決めた。

「平成の大合併」は新「花巻市」、新「二戸市」、洋野町、新「盛岡市」、県南部最大の奥州市の誕生で一段落した。

スポーツ・文化

文化庁は7月、「平泉の文化遺産」を「平泉―浄土思想を基調とする文化的景観」と改め、世界遺産への推薦を正式に決定した。

8月の全国中学校体育大会軟式野球で、二戸市の福岡中が初出場初優勝。下沖勇樹投手を中心に勝ち上がり、決勝は四国代表の飯山《はんざん》(香川)を4―0で下し全国9200校の頂点に立った。サッカーワールドカップのドイツ大会日本代表として活躍した小笠原満男選手が、イタリア1部リーグ(セリエA)のメッシーナに移籍。出場3試合目で初得点した。

大学受験対策などを理由に、教育課程通りの授業を行わない「未履修」が発覚。県内では公立と私立あわせて33の高校で判明した。

災害・社会

前年12月、記録的な大雪に見舞われた県内はそのまま厳しい冬に突入、盛岡市は雪捨て場がパンクした。盛岡気象台は2月末、「最も長く寒い冬」と異例の総括をした。10月の暴風雨は、県北や沿岸部を中心に181億円の被害が出た。

旧日本兵で行方不明だった上野石之助さん(83)がウクライナで生きていることが判明。4月20日、63年ぶりに帰国を果たし、故郷の洋野町(旧大野村)を訪れ両親の墓前で静かに手を合わせた。

岩手日報

夕刊特別号外

北朝鮮が核実験

国営通信「成功」と発表

米、安保理に制裁案

日本、独自制裁強化へ

解説 譲歩を迫り危険な賭け

詳報は日報朝刊で

2006年10月10日付号外

● この年のキーワード
郵政解散・小泉劇場／想定内（堀江貴文）／クールビズ／愛知万博／ブログ／萌え／アキバ／寒天（ダイエット効果）／メタボリック症候群／「さおだけ屋はなぜ潰れないのか」

● 墓碑銘
江間章子（詩人）／中内功（ダイエー創業者）／後藤田正晴（元副総理）／岡本喜八（映画監督）／野村芳太郎（映画監督）／小森和子（映画評論家）／二子山親方（元大関貴ノ花）／仰木彬（プロ野球監督）／本田美奈子（ミュージカル）／長新太（絵本作家）／杉浦日向子（江戸風俗研究）／ヨハネ・パウロ二世（ローマ法王）／アーサー・ミラー（米劇作家）／エド・マクベイン（米作家）

平成17 2005

2 再入幕の九州場所で5年ぶりに三賞を受賞した栃乃花関＝11月27日

5 リンドウを掲げ、堂々と行進する本県選手団＝2月22日

1 新「一関市」の誕生を祝い、くす玉を割る子どもたち＝9月20日

4 観音山から望む平泉の街並み。北上川上流から中尊寺、柳之御所跡、金鶏山、毛越寺などが並び、世界遺産登録を待つ

1 新4市1町が誕生
2 栃乃花関、幕内返り咲きで11勝
3 衆院選、民主3人、自民2人当選
4 平泉、世界遺産登録へ前進
5 安代で「岩手りんどう国体」
6 「スポレクいわて」開催
7 アスベスト問題、波紋広がる
8 公取委、建設91社に排除勧告
9 岩手競馬、コスト削減で再建へ
10 ダイエー盛岡店が閉店

政治・行政

「平成の大合併」が進展。6月の新「宮古市」を皮切りに、八幡平市、7市町村からなる新「一関市」、新「遠野市」、西和賀町が相次いで誕生した。翌年には6地域の合併が控え、平成元年に62あった市町村は、35市町村に再編されることになった。

２０００年から赤字に転落し、50億円に上る資金不足が発生した県競馬組合に対し、構成団体の県と盛岡市、水沢市（当時）が総額37億円を融資。岩手

11 瀬戸内寂聴さん、天台寺住職退任
12 認知症女性から１億円超詐取
13 強い地震、藤沢で震度５強
14 県境産廃の本格撤去開始
15 花巻空港の滑走路、２５００メートルに延長
16 アワビ、リンゴ盗難相次ぐ
17 曲折たどる高校再編整備計画
18 増田知事、全国知事会長選に出馬
19 県が森林税を創設へ
20 プロ野球ドラフト会議で２人指名

【国際】

1. ロンドン、バリ島など各地で大規模テロ
2. イラクで政治プロセス進むもテロで情勢泥沼化
3. パキスタン北東部の大地震で犠牲者7万人超
4. 原油価格が高騰、一時1バレル70ドル突破
5. ハリケーン「カトリーナ」が米国南部に大被害
6. 鳥インフル感染が拡大、新型にも懸念
7. 北朝鮮の核保有をめぐり6カ国協議で共同声明
8. 中国各地で激しい反日暴動
9. 米ブッシュ第2期政権発足、支持率低落
10. 中国が通貨人民元を切り上げ

【国内】

1. 衆院選で小泉自民党が296議席の歴史的大勝
2. 尼崎のJR西日本脱線事故、107人が死亡
3. 耐震強度データの偽装で不安広がる
4. 郵政民営化法が再提出され成立
5. アスベスト（石綿）被害深刻に
6. ネット企業とテレビ局の経営攻防が激化
7. 少年、少女をめぐる残虐な事件が相次ぐ
8. 小泉首相の靖国参拝で中韓との関係冷却
9. 有識者会議が女性・女系天皇容認の報告書
10. 景気の踊り場脱却で株価一時1万6,000円台

6 雨の中、バンダナを振って他県選手の入場を迎える本県選手団＝10月1日、北上市

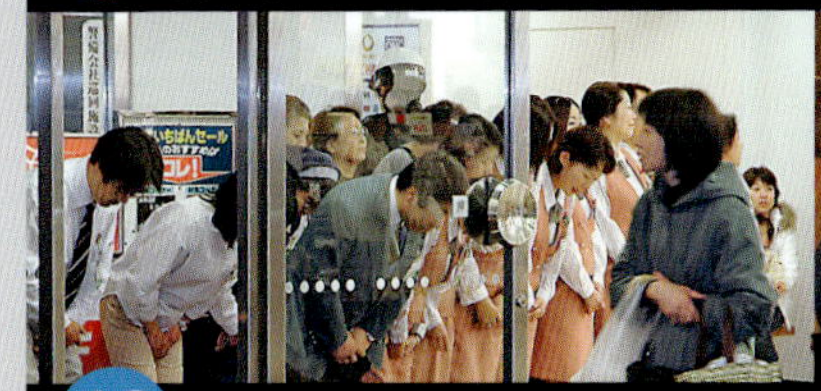
10 32年間の営業を終え、買い物客を見送る従業員＝11月27日、ダイエー盛岡店

7 吹き付けアスベストが確認され施設を公表する県の連絡会議 11月29日

9 期待と不安の中、再生へのスタートを切った岩手競馬＝5月5日、水沢競馬場

競馬は4月の開幕にこぎつけた。

小泉純一郎首相が郵政民営化の是非を問うため衆院を解散、約2年ぶりの衆院選が9月に行われた。本県小選挙区はいずれも前職が当選。連立与党が歴史的勝利を収める中、本県は民主が3議席を維持した。

スポーツ・文化

大相撲の栃乃花関が見事にカムバック。けがで幕下まで転落したものの、11月の九州場所で16場所ぶりに幕内に復帰。11勝を挙げて敢闘賞を受賞した。7年ぶりのスキー国体「岩手りんどう国体」が2月、安代町（当時）で開かれ、県勢は13人が入賞。10月の全国スポーツ・レクリエーション祭「スポレクいわて2005」では、約1万3千人が29種目でさわやかな汗を流した。

「平泉の文化遺産」は中尊寺、毛越寺、柳之御所遺跡など9カ所の国史跡・名勝指定がほぼ完了。世界遺産登録に向けて大きく前進した。1987（昭和62）年から天台寺（旧浄法寺町）の住職を務めた瀬戸内寂聴さん（82）が6月で退任した。

経済

公正取引委員会が6月、県発注工事118件で談合があったとして県内の建設業91社に排除勧告を行った。審判は5年に及び、公取委は2010年12月、約80社の談合を認定。うち約30社に総額3億6千万円の課徴金納付命令を出した。

アスベスト（石綿）による健康被害が全国で問題化。県内は18の学校で吹き付けアスベストが未処理だった。

盛岡市大通のダイエー盛岡店が11月、32年間の営業に幕を下ろした。郊外型大型店の先駆けだった盛岡南サティ（旧ニチイ盛岡南店）も翌年3月での閉店が決まった。

岩手日報
号外
首相 衆院解散へ
参院本会議 反対125、賛成108
郵政法案を否決
詳報は日報朝刊で
自民から大量造反
投票総数 二三三票
（過半数 一一七票）
賛成 一〇八票
反対 一二五票
本県4選挙区 10人が出馬の意向

2005年8月8日付号外

平成16
2004

この年のキーワード

「チョー気持ちいい」(北島康介)/ヨン様(韓流ドラマ・冬のソナタ)/自己責任/六本木ヒルズ/黒酢・豆乳ブーム/「世界の中心で、愛をさけぶ」

墓碑銘

鈴木善幸(第70代首相)/星吉昭(シンセサイザー奏者)/いかりや長介(ザ・ドリフターズ)/芦屋雁之助(俳優)/三橋達也(俳優)/中谷一郎(俳優)/四世井上八千代(京舞)/水上勉(作家)/中島らも(作家)/中野孝次(経済学者)/横山光輝(漫画家)/網野善彦(歴史学者)/金田一春彦(言語学者)/マーロン・ブランド(米俳優)/レイ・チャールズ(米歌手)

3 台風16号による強風で吹き飛ばされた屋根=8月31日、盛岡市

5 男子円盤投げで銀メダルを獲得した大井利江さん=9月25日

2 首相就任後、初のお国入り。盛岡駅前であいさつする鈴木善幸氏とさち夫人=1982年9月

4 サマワからの帰国を報告する自衛隊派遣隊員ら=12月13日

1 約4カ月間の協議を経て解散となった両磐地区合併協議会=12月7日、一関市

1 曲折をたどる市町村合併
2 鈴木善幸元首相が死去
3 台風相次ぎ接近、大きな被害
4 イラクへ岩手駐屯地から50人
5 パラ五輪で大井さんが「銀」
6 岩手山入山規制が全面解除
7 参院選で民主・主浜氏初当選
8 一関一高、半世紀ぶり甲子園
9 「平泉」世界遺産登録に弾み
10 水稲、4年ぶり平年上回る

政治・行政

市町村合併がめまぐるしく動いた。両磐9市町村の法定協議会は12月に急転、新市の名前をめぐり破たんした。野田村は普代村との任意協議会を解散し、久慈市と山形村との合併に望んだが結局離脱。盛岡地区では矢巾町が自立の道を選んだ。

7月に行われた第20回参院選で、岩手選挙区は民主党公認の主浜了氏(54)が初当選。民主党は岩手選挙区で初めて2議席を確保した。イラク戦争後の復興

11 県境産廃、行政代執行で撤去
12 県立高校新整備計画を発表
13 国保診療所で不正請求
14 県人口、20年ぶり140万人割れ
15 台風並み強風、盛岡で38・6メートル
16 再生特区でどぶろく製造
17 県医療局が県立病院改革プラン
18 技能五輪「銀河系いわて」開催
19 県競馬組合、2場体制を維持
20 「姫神」の星吉昭さんが死去

【国際】

1. イラク情勢は混迷、米軍の死者1,300人超
2. ブッシュ米大統領が民主党のケリー候補を破り再選
3. アテネ五輪で日本選手善戦、メダル最多の37個
4. 米大リーグでイチロー、松井秀喜選手らが活躍
5. アラファト・パレスチナ自治政府議長が死去
6. 北オセチアの学校占拠などチェチェン独立派のテロ続発
7. 中国で江沢民軍事委主席が退任、胡錦濤国家主席の権力確立
8. 原油価格が高騰、一時1バレル=50ドル台
9. アジアで鳥インフルエンザが猛威
10. スペインで列車同時爆破テロ、死者多数

【国内】

1. 震度7の新潟県中越地震が発生、死者40人
2. イラクで邦人の殺害、拉致。自衛隊の派遣を延長
3. 台風上陸が最多の10個、集中豪雨でも被害
4. 拉致被害者家族が帰国、ジェンキンスさんも来日
5. プロ野球が大再編、選手会は初ストライキ
6. 三菱自、西武鉄道などモラル問われる経済事件
7. 小6の同級生殺害など子どもをめぐる事件多発
8. 国民年金未納問題で官房長官ら辞任。年金改革法成立
9. 参院選挙で民主党が躍進、新代表に岡田氏
10. 79年ぶりに国内で鳥インフルエンザ

9 新たに名勝として答申された旧観自在王院庭園。左側が舞鶴が池

6 西側ルートが解禁され、ピッケル交換が行われた岩手山山頂=7月1日

10 前年の不作から一転、県内水稲は実りの秋を迎えた

7 参院選初当選を果たした主浜氏(左から2人目)=7月11日

8 力強く入場行進する一関一高の選手たち=3月23日

支援となる南部サマワへの自衛隊派遣で、岩手駐屯地からは第3次支援群として約50人が派遣された。

災害・産業

8月20日の台風15号を皮切りに16号、18号と三つの台風が立て続けに襲来。農作物に被害をもたらした。9月末には21号が本県を直撃し、被害総額は80億円を超えた。11月末には猛烈な木枯らしが吹き、盛岡市で瞬間最大風速38・6メートルを記録した。

岩手山は7月1日、6年ぶりに入山規制が全面解除された。西側3ルートからも登山客が山頂を目指し、頂上では約200人が見守る中でピッケルが交換された。

スポーツ

9月のパラリンピック・アテネ大会で、種市町(当時)の大井利江さん(56)が陸上男子円盤投げの障害ランク「車いす3」で銀メダルを獲得。一関一高は第76回選抜高校野球大会に21世紀枠で出場。1955年のセンバツ以来、49年ぶりの甲子園出場を果たした。

訃報・文化

元首相で自民党最高顧問の鈴木善幸氏が7月19日、93歳で死去した。80年7月の大平首相急死と衆参同日選挙での自民圧勝を受けて第70代首相に就任。「和の政治」を掲げ、飾らない人柄から「ゼンコーさん」と親しまれた。

奥州藤原氏や縄文など、東北に根ざした音楽をシンセサイザーで表現した「姫神」の星吉昭さんが10月1日、58歳で他界した。星さんが演奏会を行った毛越寺(平泉町)に隣接する旧観自在王院庭園など、世界遺産候補の3カ所について文化審議会が11月、名勝とするよう答申した。

岩手日報
号外
家族5人今夜帰国
元米兵ら3人は先送り
拉致問題で日朝首脳会談
一定の成果も課題残す 首相
北朝鮮に残る拉致被害者5人の家族
詳報は日報朝刊で

2004年5月22日付号外

● この年のキーワード

毒まんじゅう（野中広務）／マニフェスト／へぇ～／六本木ヒルズ／世界に一つだけの花（SMAP）／テツandトモ／アミノ酸飲料／「踊る大捜査線　THE MOVIE2」／「バカの壁」

● 墓碑銘

桜内義雄（元衆院議長）／真藤恒（NTT初代社長）／松本弘子（パリコレ初の日本人モデル）／夢路いとし（上方漫才）／小松方正（俳優）／名古屋章（俳優）／天本英世（俳優）／深作欣二（映画監督）／小林千登勢（俳優）／鈴木真砂女（俳人）／青木雄二（漫画家）／秋山庄太郎（写真家）／グレゴリー・ペック（米俳優）／チャールズ・ブロンソン（米俳優）／エリア・カザン（米映画監督）

平成15

2003

4 表面遮水シートの敷設が始まった本県側現場（手前）と、対照的な青森県側現場（奥）=12月15日

3 知事選で3選が決まり、支持者らの祝福を受ける増田寛也氏=4月13日

1 三陸南地震でコンクリートがはがれ落ちた東北新幹線の橋脚=5月27日、石鳥谷町

6 8月にオープンしたイオン盛岡ショッピングセンター

1 三陸南地震などで被害
2 冷夏、コメ10年ぶり不作
3 知事選で増田氏が3選
4 県境産廃の撤去が始まる
5 サスケ議員の覆面で論争
6 イオン盛岡SCオープン
7 衆院選で民主が3議席
8 一関地方合併協を設置
9 盛田郁弥選手が重量挙げ全国高校3冠
10 教員の不祥事が相次ぐ

災害

5月26日、気仙沼沖を震源地とするマグニチュード7・0の強い地震があり、大船渡市や江刺市（当時）など5市町村で震度6弱を観測した。東北新幹線の橋脚コンクリートがはがれ落ち、全壊を含めて2千棟近い住家に被害が出た。9月には十勝沖を震源とする地震があり、宮古市の閉伊川で津波による逆流現象が確認された。

3月上旬、猛烈な暴風雪が沿岸を襲った。ワカメやホタテな

11 沿岸を中心に暴風雪被害
12 盛岡市長に谷藤裕明氏初当選
13 橋上市場45年の歴史に幕
14 インフルエンザ猛威拡大
15 県議選で自由が第1党に
16 盛岡大付が春夏連続甲子園
17 椎名素夫参院議員が引退表明
18 県立高に来春民間人校長
19 岩手山西側の規制解除へ
20 倒産負債額が過去最高に

【国際】

1. イラク戦争、フセイン元大統領を拘束
2. 新型肺炎(SARS)が世界的流行。死者700人以上
3. 北朝鮮が核開発を表明、日米韓中など6カ国協議
4. イラク統治評議会がスタート、復興はテロ続発で混迷
5. 中国は胡錦濤氏を国家主席に選出。胡–温体制スタート
6. 米スペースシャトルが空中分解、乗員7人死亡
7. イラク対応で米国と欧州に亀裂。世界に反戦の波
8. 中国が初の有人宇宙船打ち上げ
9. パレスチナ和平、テロと報復攻撃で足踏み
10. ジャカルタなどで爆弾テロが続発

【国内】

1. 邦人外交官2人がイラクで殺害される
2. 衆院選で民主躍進、二大政党時代へ
3. 長崎男児殺害など少年の重大事件相次ぐ
4. 有事関連法が成立
5. イラク復興支援特措法が成立、自衛隊派遣へ
6. りそな銀行に公的資金投入、足利銀行は国有化
7. 阪神タイガースが18年ぶりリーグ優勝
8. 自民党総裁に小泉首相再選。中曽根、宮沢両元首相が引退
9. 松井秀喜選手が大リーグ・ヤンキースで活躍
10. 個人情報保護法が成立、住基ネット本格稼働

2 低温と日照不足が続き、不安を募らせる生産者=8月

9 国体少年重量挙げ69キロ級で優勝し、全国高校3冠を決めた盛田郁弥選手(盛岡工)=10月27日

5 議場での覆面着用禁止の発議案に投票するサスケさん=6月25日

8 法定合併協議会を設立し、握手する(左から)花泉、一関、東山、川崎の4市町村長=12月1日

どの養殖施設が深刻な被害を受け、ほぼ全滅の地区も。6月下旬からは低温と日照不足が続き、コメは作況指数「73」で10年ぶり、戦後3番目の不作となった。

政治・行政

4月の知事選は、現職の増田寛也氏が67万票近くの支持を集めて3選。投票率は過去最低の68・71%だった。自由党と合併した民主党が自民・公明・保守の連立政権に挑んだ11月の総選挙は、民主が177議席を得て躍進。本県は小選挙区で民主が3議席を獲得した。

議場では覆面を外すべきか否か—。3月の県議選盛岡選挙区でトップ当選したプロレスラーのザ・グレート・サスケさんの覆面問題は、テレビのワイドショーも取り上げるなど世論を二分。覆面着用禁止の議員発議案は否決されて「容認」となったが、議員証には素顔の写真を添付することで決着した。

一関市、花泉町、東山町、川崎村の4市町村が12月、県内初の新設方式による合併協議会を設置した。

スポーツ・教育

重量挙げ69キロ級の盛田郁弥《ふみや》選手(盛岡工高3年)が全国大会3冠を達成。江刺市(当時)で3月に開かれた全国選抜大会を皮切りに、長崎インターハイと静岡国体を制した。

酒酔い運転や強制わいせつ容疑など、教師5人が逮捕される異常事態に。県教委は飲酒運転に対する処分を原則、懲戒免職とした。

社会

二戸市と青森県田子町にまたがる国内最大規模の産業廃棄物不法投棄で、東京の排出事業者4社が8月、初の撤去作業を行った。橋の上に立つ市場として観光名所にもなっていた釜石市の「橋上市場」が1月、45年の歴史に幕を下ろした。

米がイラク攻撃
岩手日報
号外
巡航ミサイル発射
詳報は日報朝刊で

2003年3月20日付号外

平成14
2002

● この年のキーワード

日韓W杯／ベッカム様／ムネオハウス／写メール／小澤征爾ブーム／ブロードバンド／タマちゃん（多摩川のアザラシ）

● 墓碑銘

北山愛郎（社会党元衆院議員）／小川仁一（社会党元参院議員）／舟越保武（彫刻家）／高橋圭三（元NHKアナ）／家永三郎（教科書訴訟）／高円宮憲仁さま／山本直純（指揮者、作曲家）／村田英雄（歌手）／柳家小さん（落語家）／笹沢左保（作家）／半村良（作家）／ナンシー関（消しゴム版画）／草柳大蔵（評論家）／伊東一雄（大リーグ解説）／トール・ヘイエルダール（人類学者）／ルー・テーズ（プロレスラー）／ビリー・ワイルダー（米映画監督）

4 記者会見する鈴木俊一環境相=10月1日

2 県境の産廃不法投棄現場を視察する環境省職員ら=5月15日

3 台風6号で砂鉄川がはんらん、水没した東山町役場前=7月11日

8 いわて銀河鉄道の開業を記念してテープカットする関係者=12月1日、IGR盛岡駅

1 東北新幹線いわて沼宮内駅を出発し、八戸に向かう「はやて」71号=12月1日

1. 東北新幹線盛岡－八戸が開業
2. 全国で最大の産廃不法投棄
3. 台風6号襲来、甚大な被害
4. 環境相に鈴木俊一氏就任
5. 高弥建設が民事再生法申請
6. 岩果が集荷停止、自己破産
7. 雪印食品事件、本県に波及
8. IGRいわて銀河鉄道開業
9. 「釜石ラグビー」復活へ奮闘
10. 小笠原満男選手がサッカーW杯出場

経済・産業

東北新幹線盛岡－八戸間97キロが12月1日に開業。新車両「はやて」が東京と八戸を最短2時間56分で結んだ。第3セクターによる並行在来線のIGRいわて銀河鉄道と青い森鉄道も同時開業した。

県内経済にショッキングなニュースが相次いだ。東北最大手の総合建設業・高弥建設（本社盛岡市）が4月、民事再生法の適用を申請（2006年1月に再生手続き終結）。5月に玉

11. 老夫婦切りつけ殺人未遂で少年4人逮捕
12. アルプス電気盛岡工場閉鎖
13. 長引く景気低迷、雇用厳しく
14. 小中高で完全週5日制始まる
15. 釜石道「東和－花巻」が開通
16. 専門医不在、救急の乳児死亡
17. 市町村合併へ模索続く
18. 滝沢村が町村で人口日本一
19. 一関学院、2安打で樟南破る
20. 県北・沿岸中心に大雪、暴風

【国際】

1. イラクの大量破壊兵器疑惑で国連査察再開
2. 世界同時株安の様相、世界的IT不況
3. 中国・瀋陽の日本総領事館に北朝鮮家族が駆け込み、亡命
4. 中国共産党が胡錦濤総書記を選出
5. 米が北朝鮮、イラク、イランを「悪の枢軸」と非難
6. バリ島で爆弾テロ、邦人ら約190人死亡
7. 北朝鮮が核開発継続を認めたと米政府発表
8. 欧州単一通貨ユーロの現金流通始まる
9. パレスチナで反イスラエル闘争長期化
10. アフガニスタンでカルザイ大統領就任、新政権発足

【国内】

1. 日朝首脳が初会談、拉致被害者5人帰国
2. 日韓共催サッカー W杯、日本ベスト16
3. 小柴氏、田中氏にノーベル賞
4. 牛肉偽装事件、食品不正表示も横行
5. 秘書給与疑惑などで4議員辞職
6. あっせん収賄容疑などで鈴木宗男議員逮捕
7. 東電でトラブル隠し、原発停止広がる
8. デフレ対策決定、株価バブル後最安値
9. 倒産相次ぐ、失業率5.5％で最悪水準
10. 住民基本台帳ネットワーク稼働

●番外：毒物カレー事件で死刑判決

10 サッカー W杯のチュニジア戦で競り合う小笠原満男選手＝6月14日

9 パワフルなプレーで釜石シーウェイブスを引っ張るマコーミック選手＝10月13日

山村（当時）のアルプス電気盛岡工場が閉鎖し、11月には県内最大手の青果物卸売業・岩果が自己破産した。

雪印乳業の子会社、雪印食品が牛海綿状脳症（BSE）対策を悪用し、輸入牛肉を国産と偽って業界団体に買い取らせていたことが1月に発覚。雪印食品は4月で解散し、県内の関連会社が閉鎖や倒産に追い込まれた。誘致第1号企業が雪印乳業だった花巻市では、子会社の従業員や地元経済界が5月に新会社「銀河フーズ」を立ち上げた。

環境

二戸市と青森県田子町にまたがる産業廃棄物不法投棄は総量約82万立方㍍に上り、国内最大規模と判明。本県側は15万立方㍍、青森県側は67万立方㍍に及び、両県は排出者への責任追及にも乗り出した。9月に発足した小泉改造内閣で、岩手2区選出の鈴木俊一氏（49）が環境相に就任。県境産廃の原状回復に向けた決意を示した。

スポーツ

サッカーのワールドカップ日韓大会で、小笠原満男選手（23）＝鹿島、盛岡・大宮中、大船渡高＝が6月14日のチュニジア戦に途中出場。決勝トーナメント進出がかかった大一番で存在感を発揮した。クラブチーム2年目の釜石シーウェイブスRFCも奮闘した。元日本代表主将のアンドリュー・マコーミック選手らを迎え、関東1部Bリーグで全勝。10大会ぶりの全国大会出場こそ逃したものの、復活を目指す戦いに大きな声援が送られた。

災害

梅雨明け前の7月に台風6号が襲来、史上2番目となる700億円超の被害を生んだ。出水量は戦後3番目の規模に達し、東山町（当時）では砂鉄川がはんらん、中心部が水没した。

岩手日報 号外

日本、決勝T進出

2－0 チュニジアに快勝

H組1位で16強

18日、トルコと対戦

小笠原が後半出場

詳報は日報朝刊で

2002年6月14日付号外

平成13
2001

●この年のキーワード

小泉語録（米百俵・聖域なき改革・骨太の方針）／塩爺（塩川正十郎財務相）／千と千尋の神隠し／朝ドラ「ちゅらさん」／明日があるさ（缶コーヒーCM）／氷結果汁／ベイブレード

●墓碑銘

太田大三（元盛岡市長）／宮沢清六（宮沢賢治の実弟）／相米慎二（映画監督）／盛内政志（盛岡・中央映画劇場社長）／三波春夫（歌手）／並木路子（歌手）／古今亭志ん朝（落語家）／新珠三千代（俳優）／左幸子（俳優）／杉浦忠（プロ野球南海投手）／蔦文也（池田高野球部監督）／蟹江ぎん／ジョージ・ハリスン（元ビートルズ）／トーベ・ヤンソン（「ムーミン」作者）

1 翌年3月で閉鎖されることになったアイワ岩手＝矢巾町

2 三陸町を編入合併した新生大船渡市の記念式典＝11月15日

6 舟越保武はじめ本県出身、ゆかりの作品3500点が収蔵された県立美術館

7 レールのボルトを締める増田知事（右から2人目）ら関係者＝12月2日、新幹線二戸駅構内

3 搬入された牛に生体検査を実施する紫波食肉衛生検査所の職員

1. 経営破たん、撤退相次ぐ
2. 大船渡市と三陸町合併
3. 「BSE」本県にも波紋
4. 岩手山の入山規制解除
5. 参院選で平野達男氏初当選
6. 県立美術館オープン
7. 新幹線八戸開業は02年末
8. いわて銀河鉄道が発足
9. 内親王誕生、県民も祝意
10. 冷え込み厳しい県内雇用

経済・産業

21世紀最初の年は、経営破たんや工場閉鎖の暗いニュースが相次いだ。大手建設業者や大船渡市の岩手信用組合が破たん、誘致企業の撤退も続いた。中でも音響機器メーカー・アイワの基幹工場で従業員480人を抱えるアイワ岩手（矢巾町）の閉鎖決定は、地元に大きなショックを与えた。

雇用情勢も悪化の一途をたどり、10月の有効求人倍率は全国ワースト4の0・39にまで落ち

11. 釜石シーウェイブスRFC発足
12. 鈴木あかり選手、インターハイ陸上100V
13. 花巻で主婦が行方不明に
14. 本県にも同時テロの余波
15. 三陸町の気象ロケット観測終了
16. クマ被害相次ぎ、死者も
17. 霜、低温で農作物に被害
18. 岩泉・瓢箪穴遺跡ねつ造発覚
19. 国宝に中尊寺の曼荼羅図
20. 及川マツノさん長寿全国2位

【国際】

1. 米中枢同時テロ、死者不明3000人超
2. 米がアフガン報復攻撃、タリバン政権崩壊
3. 米で炭疽菌テロ、5人死亡
4. 中東和平がとん挫。パレスチナ紛争激化
5. ブッシュ大統領就任、8年ぶり共和党政権
6. ITバブル崩壊で米の景気悪化
7. 中国のWTO加盟と新ラウンド開始
8. 京都議定書発効へ、米は離脱
9. 2008年五輪の北京開催決定
10. 米ミサイル防衛推進でABM条約脱退通告

【国内】

1. 小泉内閣発足、参院選で自民圧勝
2. 国内初の牛海綿状脳症を確認
3. 不況深刻化、戦後最悪の失業率
4. 大阪・池田小で児童8人刺殺される
5. 敬宮愛子さま誕生
6. 実習船えひめ丸がハワイ沖で米原潜と衝突
7. テロ対策特別措置法成立。自衛艦インド洋へ
8. イチロー選手、大リーグ新人王とMVP
9. 外務省不祥事続発。外相と官僚の対立続く
10. ハンセン病訴訟で原告全面勝訴

●番外：不審船銃撃・沈没事件

4 3年ぶりの岩手山登山を楽しむ登山客

8 翌年12月に開業する「IGRいわて銀河鉄道」創立総会=5月24日

5 参院選で激戦を制した平野達男氏=7月29日

10 求職者であふれる北上公共職業安定所

9 内親王ご誕生を祝い県庁で記帳する県民ら=12月2日

込んだ。高校生の就職内定率は11月末時点で60％に届かず、厳しい状況が浮き彫りになった。

英国を中心に見つかった牛海綿状脳症（BSE）が国内の牛にも感染していた問題は、畜産県の本県を直撃した。10月に全頭検査が始まり、消費者の「牛肉離れ」を食い止めようと生産者や関係者の必死の対応が続いた。

12月に東北新幹線二戸駅でレール締結式が行われ、盛岡－八戸間94・5キロがつながった。並行在来線は「盛岡以北」のフル規格化と引き換えにJRから経営分離。運営に当たる第三セクター「IGRいわて銀河鉄道」が5月に発足した。

政治・行政

三陸町を編入した新大船渡市が11月に誕生した。「平成の大合併」に先駆けた合併で、沿岸部では宮古市、釜石市に次ぐ人口4万5千人の規模となった。

5党の公認候補が争った7月の参院選岩手選挙区は、自由党公認の平野達男氏（47）が自民党公認候補を破り、初当選を果たした。自由党の小沢一郎党首が2度県内入りし、全国注目の激戦区を制した。

社会

本県出身や、ゆかりの芸術家作品を集めた県立美術館が10月、盛岡市にオープン。萬鉄五郎、松本竣介、舟越保武を中心に約3500点の作品・資料を収蔵した。

12月1日、皇太子ご夫妻に長女愛子さまが誕生、暗いニュースが続いた県内もお祝いムードに包まれた。

火山活動で入山が規制されていた岩手山（2038メートル）は7月1日、東側4コースに限り規制解除された。10月8日までの3カ月間で約2万7千人が入山、3年ぶりの岩手山登山を楽しんだ。

岩手日報
号外
世界貿易ビル崩壊 国防総省炎上
米国で同時テロ
死傷者数千人か
ハイジャック機突入

2001年9月12日付号外

平成12
2000

●この年のキーワード

IT革命／「最低でも金」（田村亮子）／Qちゃん（高橋尚子）／ｉモード／ハリー・ポッター／おっはー（慎吾ママ）／大泉逸郎「孫」／「TSUNAMI」（サザンオールスターズ）

●墓碑銘

河野逸平（IBC岩手放送元社長）／村松大感（書家）／小渕恵三（第84代首相）／竹下登（第74代首相）／香淳皇后／ミヤコ蝶々（上方芸能）／青江三奈（歌手）／荒井注（元ドリフターズ）／鶴岡一人（プロ野球南海監督）／南将之（ミュンヘン五輪男子バレー）／ジャンボ鶴田（プロレスラー）／成田きん／アンディ・フグ（格闘家）／チャールズ・シュルツ（「ピーナッツ」作者）

4 文化財保護審議会が暫定リストへの追加を内定した「平泉の文化遺産」=11月17日、中尊寺金色堂

5 台風3号による大雨で冠水した野田村中心部=7月8日

1 番付表を手に新三役・小結昇進を喜ぶ栃乃花関=10月23日、福岡市

1. 栃乃花関が新入幕、三役昇進
2. 県道改良工事で談合疑惑
3. 衆院選、本県は自由が大勝
4. 「平泉の文化遺産」が世界遺産候補に
5. 台風3号、沿岸中心に被害
6. 楢崎教子選手、五輪柔道で銀メダル
7. 介護保険制度スタート
8. 雪印事件、県内にも波及
9. 集団登校の列に車、児童8人死傷
10. コメ連続豊作、減反も最大

スポーツ・文化

大相撲の栃乃花関が大躍進。3月の春場所で、ともえ戦を制して十両優勝を果たすと、新入幕の5月の夏場所では2大関を撃破、12勝3敗で技能賞と敢闘賞をダブル受賞した。勢いは衰えず、11月の九州場所で小結に昇進。本県力士39年ぶりの新三役誕生に、大相撲ファンならずともテレビ中継に釘付けになった。

シドニーで9月に開かれた夏季オリンピックで、旧千厩町ゆ

11. 県境で大量産廃不法投棄
12. 岩手一戸トンネルが貫通
13. 「2000年問題」混乱なし
14. 多額の診療報酬不正受給
15. 同級生から1千万円恐喝
16. 盛岡市が東北初の特例市に
17. 平泉町長、飲酒運転で辞職
18. 発掘ねつ造、県内にも波紋
19. 高校の新整備計画案策定
20. 岩手山入山規制を解除へ

【国際】

1. 初の南北首脳会議、金大中氏にノーベル平和賞
2. 大混乱の米大統領選でブッシュ氏勝利
3. 中東和平が暗礁に、パレスチナで衝突激化
4. ロシア大統領にプーチン氏
5. ロシア新鋭原潜が沈没、118人死亡
6. シドニー五輪、史上最多の200カ国・地域が参加
7. 台湾に陳水扁総統、国民党支配に幕
8. 史上最長の米景気拡大
9. 国際ヒトゲノム計画の解読作業が完了
10. 米国務長官が北朝鮮訪問、米朝和解へ進展

【国内】

1. 西鉄バスジャックなど17歳の犯行相次ぎ、少年法改正
2. 有珠山、三宅島噴火、鳥取西部地震など列島大揺れ
3. 小渕首相が緊急入院・死去、森内閣は人気低迷
4. 五輪女子マラソンで高橋尚子選手が金メダル
5. 百貨店そごう、千代田生命など破たん相次ぐ
6. 介護保険制度スタート
7. 雪印乳業製品で集団食中毒事件
8. 新潟で監禁少女9年ぶり保護
9. iモード大ヒット、BSデジタル放送開始
10. 旧石器時代遺跡発掘でねつ造発覚

3 衆院選岩手1区で激戦を制した達増拓也氏=6月25日

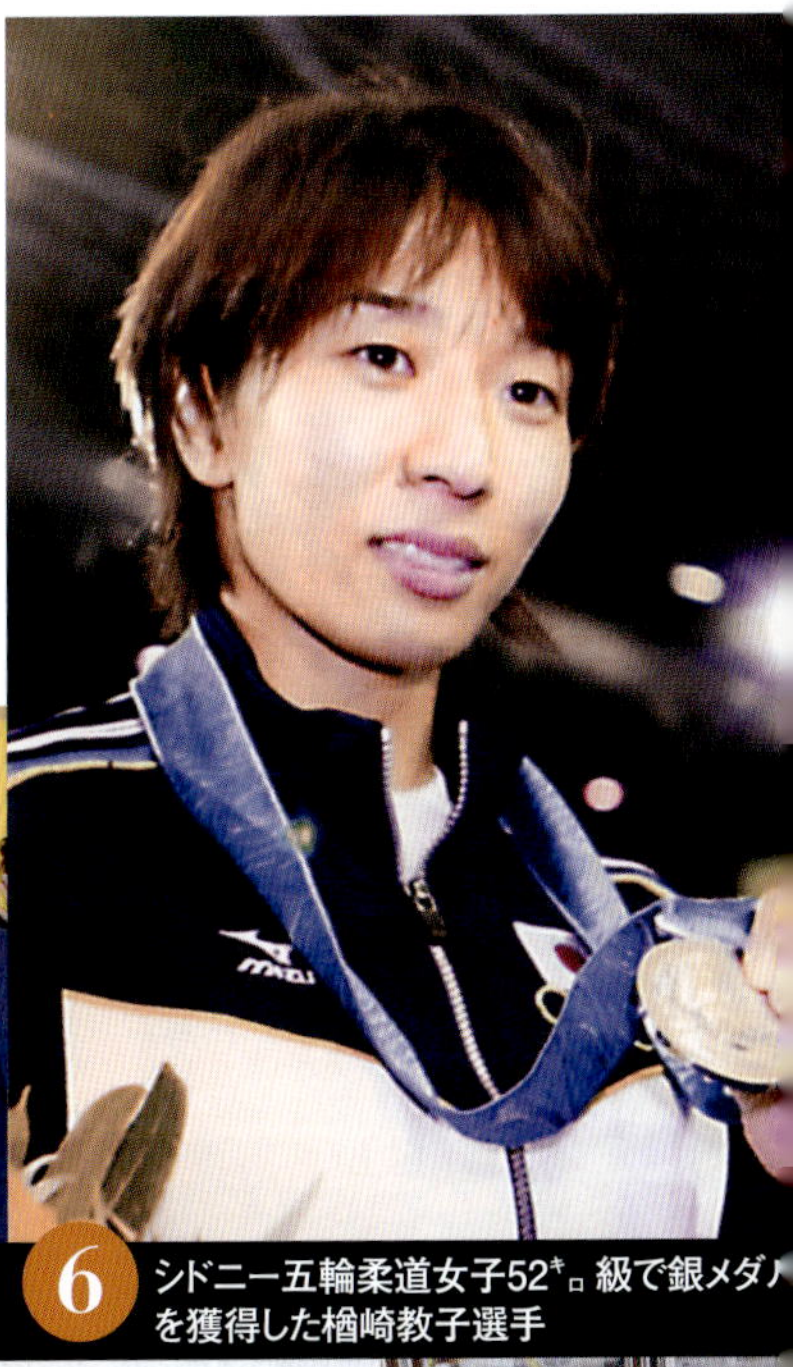
6 シドニー五輪柔道女子52キロ級で銀メダルを獲得した楢崎教子選手

10 2年連続の豊作となった県内水稲

8 集団食中毒事件をめぐり、県内でも商品撤去が相次いだ

かりの楢崎（旧姓菅原）教子《のりこ》選手が柔道女子52キロ級で銀メダルを獲得。2大会連続のメダルに輝いた。96年のアトランタ五輪後に休養していたが、復帰後の世界選手権で優勝。日本女子柔道初のミセス代表として大舞台で結果を残した。

文化財保護審議会が11月、世界遺産候補の「暫定リスト」に「平泉の文化遺産」の追加を内定。登録へ向けた動きが本格化した。

社会

県職員の不祥事が続く中、今度は県道改良工事をめぐる談合疑惑が発覚。9月に県職員と入札参加業者の計6人が競売入札妨害と虚偽公文書作成、同行使の容疑で逮捕された。

1万4千人を超える発症者を出した雪印乳業大阪工場の集団食中毒事件は、県内にも大きな影響を与えた。花巻市の花巻工場も7月に操業を一時停止。店頭から雪印製品が撤去され、学校給食用の牛乳も供給停止となった。二戸市で11月、登校中の児童の列に軽トラックが突っ込み、8人が死傷する痛ましい事故が起きた。

政治・経済

政権選択を焦点にした第42回衆院選が6月に行われ、本県は自由党が小選挙区と比例代表を合わせて6議席を獲得。自民党は2区の1議席にとどまった。自民・公明・保守の連立政権が絶対安定多数を確保した一方、民主党が127議席に伸ばした。

7月上旬、台風3号が県北や沿岸で猛威を振るった。野田村と普代村では中心部が冠水、国道45号など各地の道路が寸断された。コメは作況指数「106」で2年連続の豊作となったが、生産調整（減反）は過去最高の3万4千ヘクタール。コメを取り巻く環境が厳しさを増した。

岩手日報
号外
2000年問題 世界が監視
国内 大きな異常みられず
県内も混乱なし
コンピューター社会 厳戒継続
旧ソ連全域 障害報告なし
監視装置にトラブルも

2001年1月1日付号外

●この年のキーワード

2000年問題（Y2K）／ブッチホン（小渕首相）／リベンジ（松坂大輔）／ダイオキシン／地域振興券／だんご3兄弟／宇多田ヒカル／厚底サンダル／ユニクロ／「五体不満足」

●墓碑銘

森荘已池（本県初の直木賞作家）／光瀬龍（作家）／洞口孝治（新日鉄釜石ラグビーV7）／盛田昭夫（ソニー創業者）／東山魁夷（日本画）／淡谷のり子（ブルースの女王）／江藤淳（文芸評論家）／辻邦生（作家）／三浦綾子（作家）／山岡久乃（俳優）／ジャイアント馬場（プロレスラー）／ジャッキー佐藤（女子プロレスラー）／スタンリー・キューブリック（米映画監督）

平成11 1999

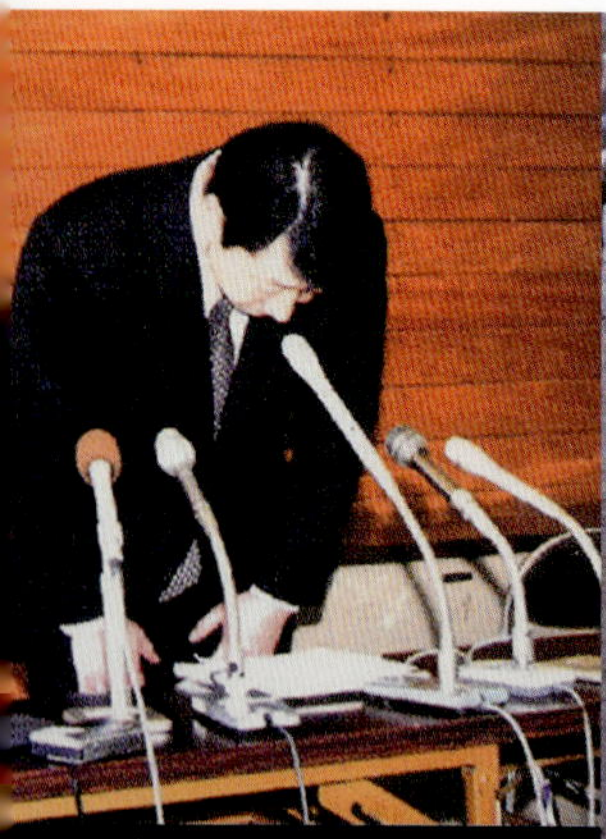

6 会見で一連の不祥事について謝罪する大迫町の畠敏町長=12月7日

2 豪雨で雪谷川が増水、中心部の商店街に濁流が押し寄せた軽米町=10月28日

1 総合開会式で行進する本県選手団=8月1日、北上市・北上総合運動公園陸上競技場

4 崩落した雫石町の玄武洞=9月3日

3 知事選で再選を果たした増田寛也氏と満喜夫人=4月11日

1. 岩手インターハイ初開催
2. 県北豪雨、軽米に甚大被害
3. 知事選で増田氏が再選
4. 雫石の玄武洞が大崩落
5. 農水相に玉沢氏
6. 大迫町の乱脈行政発覚
7. 高校再編めぐり異論噴出
8. 初めての地域振興券交付
9. 釜石に米軍戦闘機墜落
10. 山田のマグロ漁船転覆

スポーツ・教育

岩手で初めての総合開催となる高校スポーツの祭典、全国高校総合体育大会（岩手インターハイ）が8月に行われた。猛暑の中、20市町村を会場に28競技で日本一をかけた熱戦が繰り広げられ、県勢はホッケー男子の沼宮内、ソフトテニス男子の黒沢尻北、登山男子縦走の平舘、ボクシング・ウエルター級、ヨットの5競技6種目で優勝し、大会を盛り上げた。

岩手競馬所属のメイセイオペ

11. 「偽江刺リンゴ」出荷
12. 岩手山の火山活動続く
13. 2人の女性県議が誕生
14. 店頭食品などに針混入
15. 滝沢、人口日本一の村に
16. 西澤潤一県立大学長にエジソンメダル
17. メイセイオペラが地方馬初のGⅠ制覇
18. 社福法人理事長が2億円不正流用
19. 東北新幹線盛岡―八戸の在来線は三セクで経営
20. 要介護認定申請始まる

【国際】

1. コソボ紛争でNATOがユーゴ空爆
2. 欧州単一通貨ユーロが誕生
3. トルコ、台湾の大地震で死者多数
4. 東ティモール独立へ、インドネシアに新政権
5. コンピューター2000年問題で対応に躍起
6. キルギスで邦人4人拉致、無事に解放
7. NY株1万ドル突破、米景気好調
8. WTO閣僚会議が決裂、新ラウンドに暗雲
9. 五輪誘致スキャンダルでIOC委員追放、改革案決定
10. 印パ紛争激化、パキスタンで軍事クーデター

【国内】

1. 東海村で初の臨界事故、被ばく者死亡
2. 臓器移植法による初の脳死移植
3. 神奈川県警で組織ぐるみの不祥事隠し
4. 失業率過去最高、中高年の自殺急増
5. ガイドライン法成立と自衛隊初の海上警備行動
6. 国旗国歌法が成立
7. 自自公連立で小渕再改造内閣が発足
8. 日産がルノー傘下に、都銀の経営統合など再編進む
9. 要介護認定が開始、介護保険が実質スタート
10. 拓銀、長銀、日債銀旧経営陣に強制捜査

17 地方馬として初の中央GI制覇を成し遂げたメイセイオペラと菅原勲騎手

9 山林に墜落し大破した米空軍F16戦闘機=1月2日、釜石市橋野町

7 花巻農高の存続などを求める意見が相次いだ県立高校整備計画案の花巻・北上地域説明会=11月16日

8 地域振興券を受けとる野畑村の住民=2月15日

ラ号(牡6歳)が、地方馬初の快挙を成し遂げた。1月に行われた中央競馬のGIレース「フェブラリーステークス」に出走、2着に2馬身差をつける快勝で、岩手や全国のファンの期待に応えた。

県教委が発表した県立高校の統廃合をめぐり、対象校がある地区から異論が噴出。住民や母校の存続を願う卒業生から反対の声が上がった。

災害・事故

10月に県北地方を豪雨が襲った。雪谷川がはんらんした軽米町は中心部が濁流にのみ込まれ、二戸市では高齢者2人が犠牲になった。被害総額は508億円に上り、軽米町が半分以上を占めた。

9月に雫石町の国指定天然記念物「葛根田の大岩谷(通称・玄武洞)」が崩落した。高さ約80㍍、幅約100㍍にわたって崩れ落ち、名勝は無残な姿に変わり果てた。

釜石市の山林に1月、米空軍三沢基地所属のF16戦闘機が墜落、炎上した。現場には大破した機体の部品が散乱し、約1千平方㍍を焼失した。米軍は5月、パイロットのミスを公式に認め、謝罪した。米軍機墜落の前日、山田町のマグロはえ縄漁船・新生丸が八丈島沖でパナマ船籍の貨物船と衝突、転覆した。乗組員5人が救助されたが、機関長は行方不明となった。

政治・行政

4月の知事選は、現職の増田寛也氏が過去最多の68万票を集めて再選。投票率は71・8%で過去最低だった。自民党と自由党の連立政権に、公明党を加えた小渕連立内閣が10月に発足。玉沢徳一郎が農林水産相に就任した。

大迫町では公文書偽造や補助金不正受給が次々と発覚。町長が引責辞任に追い込まれた。

岩手日報

岩手インターハイ開幕

北上で華やかに総合開会式

本県選手団 堂々と行進

号外

1999年8月1日付号外

平成10
1998

この年のキーワード

横浜ベイスターズ・横浜高／ハマの大魔神（佐々木主浩投手）／老人力／ボキャ貧・冷めたピザ（小渕首相）／Windows98／iMac／ハンバーガー半額／消費税還元／「タイタニック」

墓碑銘

工藤巌（元県知事）／海野経（洋画家）／藤原長作（中国で稲作指導）／宇野宗佑（第75代首相）／福井謙一（ノーベル化学賞）／黒澤明（映画監督）／淀川長治（映画解説）／石ノ森正太郎（漫画家）／吉田正（作曲家）／織田幹雄（日本人初の五輪「金」）／村山実（プロ野球阪神投手）／フランク・シナトラ（米歌手）／フローレンス・ジョイナー（米陸上短距離）

1 火山活動が続き、水蒸気爆発が懸念された岩手山西側の大地獄谷（手前）=6月30日、共同通信ヘリから撮影

2 スケート国体開会式で堂々と行進する本県選手団=1月24日、盛岡市・県営スケート場

3 岩手山南西地震による土砂崩れで通行止めとなった雫石町の県道西山生保内線=9月10日

8 「純粋無所属」を貫いて激戦を制した椎名素夫氏=7月12日

1. 岩手山の火山活動活発化
2. 本県初の冬季完全国体
3. 雫石で震度6弱の地震
4. 滝沢で全国菓子博
5. 待望の県立大開学
6. 盛岡と葛巻で殺人事件
7. 奥産道工事再開を断念
8. 参院選で椎名素夫氏が再選
9. 沿岸、県南で大雨被害
10. 新十両に栃乃花、本県9年ぶり関取

災害

岩手山で3月から火山性地震が多発し、4月に初の「臨時火山情報」が発表された。7月1日から入山禁止となり、水蒸気爆発やマグマ噴出を想定したハザードマップが作製された。

9月3日には岩手山山頂の南西部を震源地とするマグニチュード6・1の地震があり、雫石町で震度6弱を観測。土砂崩れで県道が寸断され、滝ノ上温泉や国見温泉の宿泊客ら約160人が一時孤立した。

11. 東北に梅雨明け宣言なし
12. 県、食糧費不正支出で処分
13. 不況で企業倒産増、就職難
14. 軽米で山林142ヘクタール焼失
15. 難病祐介君に支援の輪
16. 天候不順で農作物不作
17. 猛毒除草剤の埋設問題再燃
18. ゲートボールで県勢世界一
19. 長野パラ五輪で渡辺敏貴さん金メダル
20. 増田知事、再選へ出馬表明

【国際】

1. アジア経済危機が世界に波及、米市場に波乱
2. インドとパキスタンが核実験、日米欧が制裁
3. 米大統領の不倫もみ消し疑惑で弾劾訴追可決
4. 北朝鮮がミサイル発射、金正日氏が最高指導者に
5. インドネシアで大暴動、スハルト大統領退陣
6. 金融、自動車、石油で世界企業の大型合併進む
7. ロシア大統領に健康不安、政経両面の危機
8. 大地震、大洪水など自然災害が各地で猛威
9. 米大リーグで37年ぶりに本塁打新記録
10. ドイツ総選挙で社民党が勝利、16年ぶり政権交代

●**番外**:米英両軍が査察拒否のイラクを大規模空爆

【国内】

1. 戦後最悪の不況、過去最大の景気対策
2. 和歌山の毒物カレー事件、4人死亡
3. 参院選自民惨敗で橋本首相退陣、小渕政権誕生
4. 長銀、日債銀が破たん、国有化。金融健全化に60兆円
5. 大蔵省、日銀で接待汚職。蔵相、日銀総裁辞任
6. 長野冬季五輪開催、日本は金メダル5個獲得
7. 改正外為法が施行、日本版ビッグバンスタート
8. サッカー W杯フランス大会に日本初出場
9. 防衛庁背任・汚職事件、額賀長官が引責辞任
10. 自自連立政権樹立で合意

7 雫石町の奥産道網張工区の終点付近。増田知事は工事中止を決断した=10月27日

10 十両昇進の知らせを受け、ガッツポーズの谷地改め栃乃花関=11月25日、福岡市

9 冠水した川崎村薄衣地内の国道284号=8月31日

4 初日からにぎわいを見せた全国菓子博=4月24日

5 入学式後、晴れやかな表情でキャンパスを歩む県立大の1期生たち=4月27日

気象庁は8月14日、東北・北陸の梅雨明け宣言を断念。梅雨明けを公表するようになった1951年以降初めてで、県内はお盆を過ぎてもアブラゼミの鳴き声が響かなかった。8月末には沿岸と県南を中心に大雨が襲い、被害額は平成に入って最悪の241億円に上った。

スポーツ・教育

スケート国体とスキー国体を同一年に開催する本県初の冬季完全国体「いわて銀河国体」が1月と2月に行われた。メダルラッシュに沸いた長野五輪で冬季スポーツに注目が集まる中、岩手を舞台にした雪と氷の熱戦も関心を呼んだ。3月の長野パラリンピックでは、アイススレッジスピードレース男子1500メートルLW10クラスの渡辺敏貴さん選手(30)=旧花泉町出身=が金メダルに輝いた。

大相撲の谷地(25)=旧山形村出身=が、幕下3枚目で臨んだ九州場所で5勝2敗と勝ち越し。11月の番付編成会議で新十両昇進が決まり、しこ名を栃乃花と改めた。明治大時代に実績を残しながら前相撲からスタートし、初土俵から23場所で本県9年ぶりとなる関取の座をつかんだ。

県立大が4月に開学。初代学長に半導体研究の世界的権威として知られる西澤潤一氏を迎え、1期生479人が滝沢村(当時)の真新しいキャンパスで第一歩を踏み出した。

社会

広範囲にわたる原生林破壊が問題になった通称・奥産道の県営工事をめぐり、事実上の工事中止が決まった。3キロの未着工区間を残すだけだったが、増田知事は自然環境への配慮などから中止を決断した。葛巻町で下校途中の小学2年生が殺害され、県民に大きな衝撃を与えた。

岩手日報

号外

日本 善戦及ばず

アルゼンチンに0—1

W杯サッカーフランス大会

詳報は16日付日報朝刊で

1998年6月15日付号外

● この年のキーワード

少年法／おやじ狩り／「失楽園」（渡辺淳一）／たまごっち／ポケモン／小室ファミリー／マイブーム／ガーデニング／もののけ姫

● 墓碑銘

高松正（県スポーツ界の重鎮）／草間俊一（東北考古学）／藤原正良（盛岡八幡宮宮司）／井深大（ソニー創業者）／三船敏郎（俳優）／萬屋錦之助（俳優）／勝新太郎（俳優）／西村晃（俳優）／杉村春子（俳優）／伊丹十三（映画監督）／藤沢周平（作家）／埴谷雄高（作家）／住井すゑ（作家）／池田満寿夫（版画家、作家）／横井庄一（旧日本軍兵士）／ダイアナ元英皇太子妃／マザー・テレサ／ジョン・デンバー（米カントリー歌手）

平成 9

1997

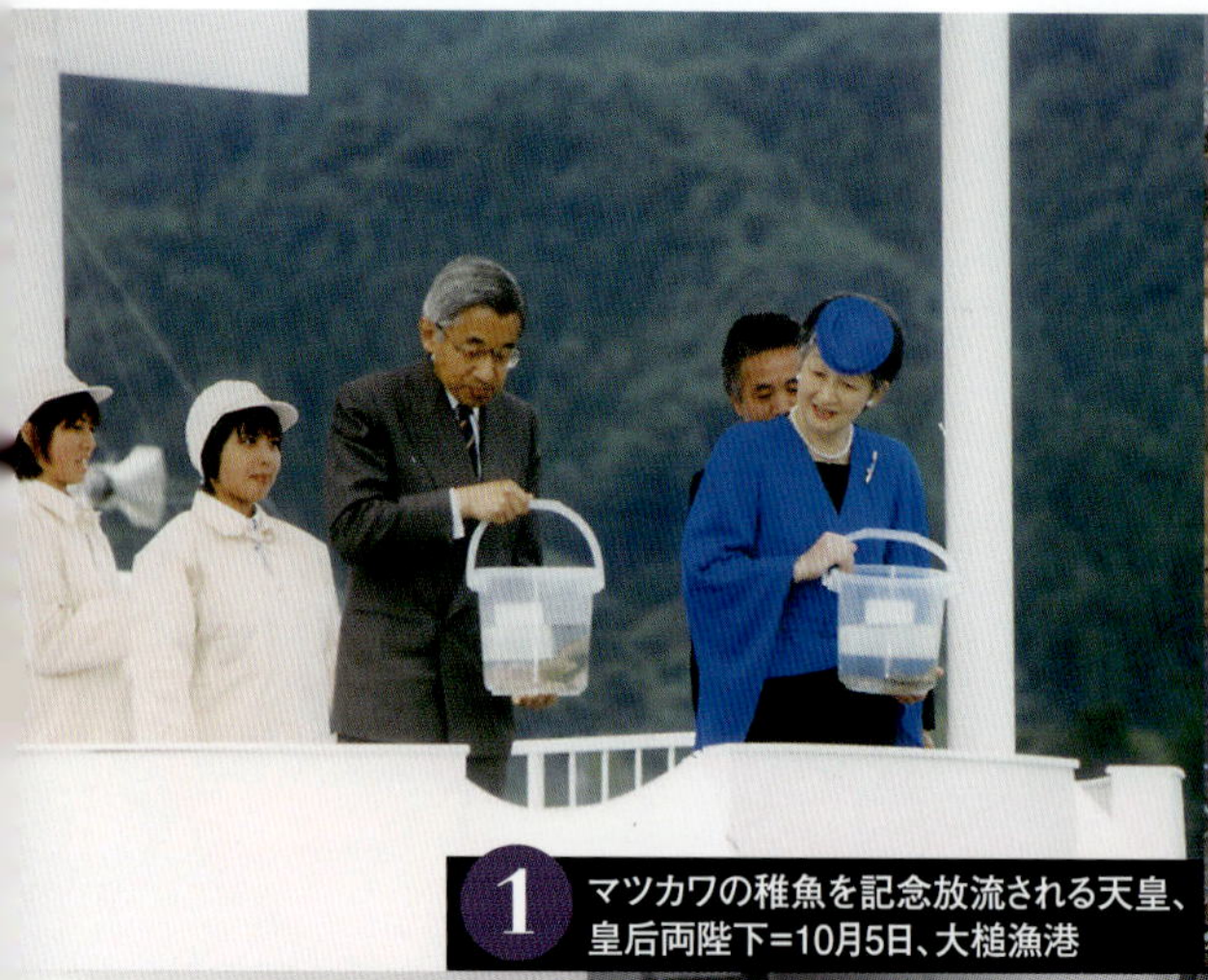

1 マツカワの稚魚を記念放流される天皇、皇后両陛下＝10月5日、大槌漁港

2 切り離しポイントのJR盛岡駅に差しかかる「こまち3号」

6 満員の乗客を乗せ花巻空港を飛び立つ沖縄線1号機＝11月1日

9 居住地出張の調査結果を公表する県幹部。公費の不正支出に苦悩を深める＝8月8日

8 ダイオキシンを含む除草剤が埋設された国有林を調査する県、盛岡市の担当者＝9月11日、雫石町

3 東和町農政審議会で自主減反の趣旨を説明する小原秀夫町長（中央）＝3月3日

1 両陛下迎え海づくり大会
2 秋田新幹線開業
3 自主減反、合意得られず断念
4 石鳥谷、紫波で山林火災
5 横断道北上－秋田が直結
6 花巻空港に沖縄線など就航
7 盛岡駅西口にマリオス開業
8 ダイオキシン汚染が問題化
9 県の公費不正支出が発覚
10 学校法人めぐる資金流用事件

社会

天皇、皇后両陛下をお迎えした第17回全国豊かな海づくり大会が10月、大槌町で開かれた。即位後初のご来県で、両陛下が岩手を訪れるのは昭和天皇以来23年ぶりだった。

5月に石鳥谷町（当時）と紫波町で大規模な山林火災が発生。炎が東北自動車道にも迫り、両町合わせて300ヘクタール余りを焼失した。

カラ出張やカラ懇談など、県職員の公費不正支出が次々と明

11 県、道路工事で失態重ねる
12 丸伊工業が経営破たん
13 徳陽銀破たん、県民に金融不安
14 集団風邪で高齢者23人死亡
15 滝沢などで全国和牛共進会
16 盛岡、滝沢に巨大商業施設構想
17 コメ豊作も減反強化
18 盛岡・簗川に重油流出
19 ヤマザクラの樹皮被害相次ぐ
20 安代で全国高校スキー

【国際】

1. ペルー日本大使公邸人質事件が武力解決
2. 香港、1世紀半ぶり中国へ返還
3. ダイアナ元英皇太子妃が交通事故死
4. アジア通貨危機で世界同時株安
5. 中国最高実力者の鄧小平氏死去
6. 今世紀最大のエルニーニョ発生、各地で異常気象
7. 北朝鮮の金正日氏が労働党総書記に
8. 温暖化防止京都会議で先進国5.2％の削減目標
9. エジプトのテロ事件で邦人10人ら観光客死亡
10. 対人地雷禁止条約に調印、NGOにノーベル賞

●番外：韓国大統領選で野党指導者、金大中氏当選

【国内】

1. 拓銀と山一破たん、預金者保護に10兆円国債
2. 神戸連続児童殺傷事件で中3男子逮捕
3. 消費税5％で景気減速、2兆円所得減税へ
4. 4大証券などが総会屋に利益供与
5. 行革、1府12省庁に再編、郵政事業国営維持
6. 臓器移植法成立、「脳死は人の死」と認定
7. サッカー日本、W杯初出場決める
8. 島根沖でロシアタンカー重油流出、漁業被害
9. 日米防衛協力の新指針、周辺有事に中国反発
10. 動燃東海再処理工場で爆発、虚偽報告で処分

7 JR盛岡駅西口地区に開業した「マリオス」

4 炎が迫る東北自動車道紫波サービスエリア近くの山林で消火活動する日本道路公団職員=5月2日

5 北上西インター－湯田インター間開通を祝ってパレードする車両=7
23日、湯田町の錦秋湖サービスエリア付近

るみに出た。情報公開に基づく市民オンブズマンの活動が大きな役割を果たした。8月には岩手と静岡の2学校法人の資金約9億円を私的に流用したとして、前理事長が背任と業務上横領容疑で逮捕された。

猛毒物質ダイオキシンによる環境汚染が問題化。各地のごみ焼却場で国の基準値を上回り、国有林に農薬が埋められていたことが判明した。文部省は7月、小中学校でのごみ焼却炉の原則中止を打ち出した。

経済・産業

東和町が3月、日本の農業に一石を投じる「自主的減反」を打ち出し、全国の農業関係者に衝撃を与えた。半強制的だったコメの生産調整に「ノー」を突きつけ、「作る自由」実現を目指したが、生産者らの合意を得られなかったとして5カ月後の8月、小原秀夫町長が断念を表明した。

秋田新幹線が3月に開業、東北横断道も7月に北上から秋田までの107キロがつながり、横軸連携が進んだ。花巻空港には11月、日本エアシステム（JAS）の沖縄線が就航。4年前の大冷害をきっかけにした沖縄との交流に弾みをつけた。

JR盛岡駅西口に11月、北東北最大級の複合ビル「マリオス」が開業。地上20階、高さ92メートルの建物は盛岡市の新しいシンボルとなった。

政治

12月31日に新進党が解党。小沢一郎氏が率いる自由党や、衆院旧公明党の「新党平和」、旧民社党の「新党友愛」など6党に分かれた。

スポーツ

スノーボードのワールドカップが2月、雫石スキー場で本県初開催。スノーボードクロスとパラレルスラロームの男女各2種目が行われた。

岩手日報 号外

突入、日本人全員を救出

ペルーの日本大使公邸人質事件 特殊部隊が制圧

127日目

ゲリラ全員射殺か

池田外相をペルーに派遣

1997年4月23日付号外

平成 8
1996

● この年のキーワード

メークドラマ／「自分で自分をほめたい」／安室奈美恵／ルーズソックス／「ロングバケーション」／プリクラ／「脳内革命」

● 墓碑銘

中村直（元県知事）／宮城千賀子（宝塚出身俳優）／藤村益治郎（庭師、石割桜保存）／丸山真男（政治学者）／渥美清（俳優）／沢村貞子（俳優）／フランキー堺（俳優）／司馬遼太郎（作家）／遠藤周作（作家）／宇野千代（作家）／武満徹（作曲家）／岡本太郎（洋画家）／藤子・F・不二雄（漫画家）／横山やすし（上方漫才）／鏡山親方（元横綱柏戸）／北島忠治（明大ラグビー部監督）／カール・セーガン（米天文学者）／ジーン・ケリー（米俳優）

1 修復した愛用の楽器で合奏した賢治・啄木生誕祭音楽会=6月30日、盛岡劇場

9 発破がかけられ爆発の大音響とともに倒れる新日鉄釜石製鉄所の第一高炉=11月12日

4 新選挙制度による総選挙の開票作業=10月20日、盛岡体育館

7 最後の留め金を締めたJR秋田新幹線レール締結式=12月13日、盛岡アプローチ高架橋上

1. 賢治・啄木生誕祭ブーム
2. 盛岡でO157集団感染
3. 奥産道工事で自然破壊
4. 新制度の総選挙で新進4、自民2
5. 新盛岡競馬場オープン
6. 食パラダイス岩手盛況
7. 秋田新幹線のレール締結
8. 県職員の不祥事相次ぐ
9. 鉄の街釜石の高炉消える
10. アトランタ五輪で県人活躍

社会

宮沢賢治が生誕100年、石川啄木も生誕110年の節目を迎え、空前の盛り上がりを見せた。特に賢治は、松竹と東映がそれぞれ映画化し、長編アニメ映画「賢治のトランク」も上映。テレビや雑誌が相次いで特集を組み、全国的なブームになった。「食」のイベント「全国食文化交流プラザ」（愛称・食パラダイス岩手'96）が岩手産業文化センターで開かれ、11月3日には1日で7万人余りが入場した。

11. アトランタ五輪「銅」有森選手が大野で快走
12. 花巻空港の福岡便開設
13. メキシコで県出身者誘拐
14. 県が大幅な機構改革
15. 宙に浮く県立図書館新築
16. 大迫で「重文神楽」が競演
17. 岩教組スト、有罪が確定
18. 中村直元知事が死去
19. 議会が住専問題で意見書
20. 東北初の地ビール「銀河高原」デビュー

【国際】

1. リマの日本大使館公邸をゲリラ占拠、大使ら人質
2. クリントン米大統領がドール候補ら破り再選
3. 韓国に北朝鮮の潜水艦侵入、南北関係が悪化
4. エリツィン・ロシア大統領再選、心臓手術が成功
5. 国連が包括的核実験禁止条約採択、インド反対
6. 仏、中国が駆け込みの地下核実験後、終結を宣言
7. 近代五輪100周年のアトランタ五輪大会
8. EU、牛海綿状脳症で英国産牛肉を全面禁輸
9. 台湾初の総統直接選で李総統圧勝
10. 粛軍クーデターなどで韓国元大統領に無期判決

【国内】

1. 厚生省汚職で前次官ら逮捕、官僚腐敗に怒りの声
2. 新制度下初の総選挙、連立の社・さ惨敗
3. 薬害エイズ官学業トップら逮捕。HIV訴訟和解
4. 沖縄基地縮小で日米合意、普天間海上移設。県民投票
5. 病原性大腸菌O157食中毒で11人死亡
6. 住専処理に税金投入。貸し手、借り手責任追及
7. 全国自治体で公費不正支出、秋田県知事辞意
8. 村山内閣総辞職、橋本内閣が発足
9. 北海道でトンネル崩落、20人死亡
10. 坂本弁護士ビデオ問題でTBS社長辞任

5 「第1回全日本スプリント」でパドックを回る武豊騎手=8月13日、新盛岡競馬場

「岩手の味」をアピールした食パラダイス岩手'96 6

3 原生林が破壊された面積や距離をチェックする自然保護団体=8月4日、奥産道周辺

県道工事で前代未聞の自然破壊が起きた。八幡平国立公園内に整備する通称・奥産道の作業で、約100本の原生林がなぎ倒され、3200平方メートルが被害にあった。県職員が業者に便宜を図った不祥事やカラ出張も次々と発覚した。

病原性大腸菌O157が全国に広がる中、盛岡市内の小学校で集団感染が発生。感染者は200人を超えた。

スポーツ・教育

米アトランタで開かれた夏季五輪で、シンクロナイズドスイミング団体の高橋馨選手(22)＝盛岡市出身＝が銅メダルを獲得。旧千厩町ゆかりの柔道女子52キロ級菅原教子《のりこ》選手(24)は敗者復活戦を勝ち上がり、銅メダルを手にした。

県教委がプライバシー保護の観点から公立高校合格者の氏名を非公表とした。私立高や大学も含め、翌年3月から受験番号による合格発表に切り替わった。

政治・経済

初の小選挙区比例代表並立制で行われた10月の総選挙で、岩手は4選挙区のうち3選挙区で新進党が勝利。比例代表東北ブロックを含めると新進が4議席を獲得したのに対し、自民党は2議席、社民党は議席を失った。

釜石市の新日鉄釜石製鉄所で11月、街のシンボルともいえる第一高炉が解体され、近代製鉄発祥の地を伝える主要な施設はすべて姿を消した。

盛岡市に4月、公営地方競馬初の芝コースを備えた新盛岡競馬場(愛称・オーロパーク)がオープン。建設費は当初の236億円から404億円に膨らみ経営を圧迫した。秋田新幹線は11月末から新車両「こまち」の試験運転を開始。12月にはレール締結式が行われた。

岩手日報 号外
釜石南おめでとう
センバツ初出場決まる
高校野球 甲子園で3月26日開幕
2日、3日 岩手日報本紙で特集

1996年2月1日付号外

● この年のキーワード

無党派／NOMO（大リーグ野茂英雄）／がんばろうKOBE（プロ野球オリックス）／官官接待／Windows95／PHS／「ソフィーの世界」／セドリック・グロリア

● 墓碑銘

千葉一（元県議会議長）／岩城之徳（国際啄木学会初代会長）／福田赳夫（第67代首相）／土井勝（料理研究家）／山口瞳（作家）／山際淳司（作家）／西岡常一（宮大工）／川谷拓三（俳優）／ジミー原田（ジャズドラマー）／兵藤（旧姓前畑）秀子（日本女子初の金メダリスト）／ミヒャエル・エンデ（ドイツ児童文学者）／テレサ・テン（台湾歌手）／エリザベス・モンゴメリー（米俳優）

平成7
1995

1 知事選で初当選が決まり支持者と喜ぶ増田寛也氏と満喜夫人=4月9日、盛岡市

2 32.1度の温泉が確認された東和町の温泉開発=11月27日

6 新食糧法が施行されコメ新時代を迎えた

1. 知事選で増田寛也氏が初当選
2. 東和町に北上山系初の温泉
3. イクコさん母子無事帰国
4. 東和町が「阪神被災者条例」
5. 岩泉町でクマゲラを撮影
6. 新食糧法施行でコメ安売り
7. 大震災義援金件数で全国一
8. 横断道花巻－東和ルート決定
9. 新進党党首選に小沢氏出馬
10. 参院選岩手区で高橋令則氏当選

政治・県政

全国最年少、43歳の知事が誕生した。4月の県知事選は国政4党の推薦候補4人による争いとなり、新進党の小沢一郎幹事長が擁立した増田寛也氏が約36万票で初当選を果たした。7月の参院選も新進党公認で前副知事の高橋令則氏（60）が、与党推薦候補に大差をつけて当選した。12月に行われた新進党の党首選では、小沢氏が羽田孜副党首との一騎打ちに完勝。トップの座を拒み続けた小沢氏がリー

11. 県議選で逮捕者相次ぐ
12. 新幹線盛岡－八戸はフル規格に
13. 岩手東芝が工場増設計画
14. 横断道湯田－横手が開通
15. 県内でも官官接待問題化
16. 「三陸はるか沖」余震で震度5
17. オウム事件、県内でも痕跡
18. 盛岡で集団赤痢発生
19. 生誕百年、賢治の学校開設へ
20. 場外車券場建設めぐり汚職

【国際】

1. シラク仏政権が核実験強行、国際批判高まる
2. ボスニア和平協定調印、国際部隊展開
3. パレスチナ自治拡大、ラビン首相暗殺
4. 韓国の元・前大統領逮捕、軍人支配の暗部にメス
5. 米・ベトナム、戦争終結20年で国交樹立
6. スー・チーさん、6年ぶりに軟禁解除
7. 核拡散防止条約を無期限延長
8. ロシア軍、チェチェン共和国首都を武力制圧
9. 北朝鮮の核開発に対処、日米韓のKEDO発足
10. ソウルの百貨店崩落事故で501人死亡

【国内】

1. 阪神淡路大震災、防災体制の欠陥露呈
2. 地下鉄サリン事件、オウム真理教に破防法適用
3. 兵庫銀、木津信組など金融機関の破たん相次ぐ
4. 沖縄米兵暴行事件、基地使用に知事署名拒否
5. 無党派層が激増。青島東京、横山大阪知事誕生
6. 円相場80円突破の超円高、金利は史上最低に
7. 野茂英雄投手、米大リーグ新人王
8. 大和銀が巨額損失隠し、米国から追放
9. 参院選で村山連立政権に厳しい審判、新進躍進
10. スーパーで女子高生ら射殺。銃器犯罪が多発

3 子供たち3人と無事帰国したリビチ・イクコさん=8月25日、一戸町

10 参院選岩手選挙区で当選した高橋令則氏（中央）=7月23日、盛岡の選挙事務所

5 田村誠さんから撮影時の状況を聞く本州産クマゲラ研究会の藤井忠志代表（右）=11月12日、岩泉町

7 「他人事とは思えない」と大震災義援金を持ち寄る県民が後を絶たず、受付件数は全国1位に

ダーに立ち、与野党対決色を鮮明にした。

行政・産業

新食糧法が11月に施行され、コメ新時代が到来。政府が管理する制度は終わり、「作る自由」「売る自由」が広がった。店頭には自主流通米が並び、コメの特売が当たり前になった。岩手と秋田を結ぶ東北横断道の整備が進み、11月に湯田－秋田・横手間が開通。花巻－東和間のルートも決定した。

自治体が中央官僚をもてなす「官官接待」が問題化。血税を使った、行き過ぎたもてなしに批判が集まった。

社会

東和町（当時）の話題が相次いだ。阪神大震災発生からひと月も立たない2月3日、被災者を受け入れる条例を制定。実際に神戸市の4人家族が「疎開」した。北上山系初の温泉のニュースに沸いたのは11月。弱アルカリ性の刺激が少ない泉質で、花巻東和温泉として現在も親しまれている。

阪神大震災発生から3カ月で、本県の義援金件数は全国一の約2万7千件に上った。

話題

北上山系には生息しないとされていた大型のキツツキ、クマゲラが10月、岩泉町の山林で撮影された。ふんも県内で初めて見つかるなど、国の天然記念物に指定されている野鳥にスポットが当たった。

クロアチアの難民キャンプから救出されたリビチ・イクコさん一家が8月に帰国、実家の一戸町で父親と再会した。冷戦後の民族対立が招いたボスニア紛争に、県民が関心を寄せるきっかけになった。11月26日、盛岡文士劇が33年ぶりに復活。作家の高橋克彦さんや三好京三さんらの熱演に大きな拍手が送られた。

岩手日報

号外

新進党首に小沢氏

公選で羽田氏に圧勝

詳報は日報朝刊で

1995年12月27日付号外

平成6
1994

● この年のキーワード

イチロー／就職氷河期／価格破壊／「同情するならカネをくれ」（ドラマ「家なき子」）／脱フロン／格安輸入ビール／ニンジン飲料／塩マッサージ／「大往生」

● 墓碑銘

菅原エン（本県初の女性代議士）／柴田勝治（日本オリンピック委員会名誉会長）／東野英治郎（俳優）／片岡仁左衛門（歌舞伎俳優）／京塚昌子（俳優）／乙羽信子（俳優）／中条静夫（俳優）／細川隆元（政治評論家）／吉行淳之介（作家）／山口誓子（俳人）／ジョゼフ・コットン（米俳優）／バート・ランカスター（米俳優）／アイルトン・セナ（ブラジルのF1ドライバー）

9 脱線し下りの貨物列車に衝突した普通列車の機関車＝12月7日、滝沢村

1 記録ずくめの暑さで陸前高田市の高田松原は67万人を超える海水浴客でにぎわった

7 「もぐらんぴあ」の目玉展示として人気を集めたトンネル水槽＝久慈市半崎

1. 空前の猛暑　盛岡は真夏日最長
2. 工藤巌知事が引退表明
3. 防衛庁長官に玉沢氏
4. 大凶作から一転大豊作
5. コメの新品種に愛称
6. 成功したファミリンピック
7. 地下水族科学館「もぐらんぴあ」オープン
8. 新進党幹事長に小沢氏
9. JR滝沢駅構内で脱線、衝突
10. ダウラギリI峰登頂に成功
11. 4新人で知事選へ
12. 三鉄列車が脱線、転覆
13. 次期衆院選から小選挙区
14. 北銀の合併計画撤回
15. ゲートボール世界一にグリーンピア
16. 岩手大旧本館、岩手銀旧本店が国重文に
17. 盛岡四が甲子園で大活躍
18. 「えさし藤原の郷」の観客100万人突破
19. コメ不足で外米輸入
20. アジア大会ボクシングで八重樫剛選手優勝

社会

前年の冷夏から一転、県内は記録的な猛暑に見舞われた。盛岡市では9月6日も真夏日となり、通算真夏日の最多記録47日を51年ぶりに塗り替えた。陸前高田市の高田松原には67万人を超える海水浴客が訪れ、こちらも最多記録となった。

鉄道の脱線事故が相次いだ。三陸鉄道南リアス線で2月、強風にあおられた久慈行き2両編成が三陸町（当時）で脱線。乗客5人がけがを負った。12月には

【国際】

1. 北朝鮮の金日成主席死去、権力は金正日氏へ
2. ルワンダ内戦ぼっ発、大量難民流出
3. 米中間選挙で民主党が歴史的敗北
4. 欧州連合（EU）、北欧と中欧へ拡大
5. 中東和平進み、当事者3人にノーベル平和賞
6. 南ア選挙でANC大勝、マンデラ大統領選出
7. 核疑惑解消で米朝合意、軽水炉転換支援へ
8. ボスニア内戦、NATOが空爆に踏み切る
9. 95年に世界貿易機関（WTO）設立合意
10. バルト海でフェリー沈没、犠牲者900人超す

【国内】

1. 非自民政権崩壊、自・社・さで村山政権誕生
2. 記録的猛暑、空前の渇水被害
3. 名古屋で中華航空機事故、264人死亡
4. 政治改革関連法成立、施行
5. 大江健三郎氏にノーベル文学賞
6. 円高騰、戦後初の100円突破
7. 銃犯罪広がり、企業テロ相次ぐ
8. 自衛隊合憲など社会党が基本政策大転換
9. 新生、公明、民社など9党派で新進党結成
10. 税制改革、消費税5％へ

●番外：いじめ苦の自殺相次ぎ、社会問題化

10 世界第7位の高峰、ダウラギリI峰登頂を喜ぶ上野幸人隊員

5 「かけはし」と「ゆめさんさ」の名称が披露された発表会=9月19日

4 大凶作から一転して大豊作となった本県水稲=東和町

6 家族の触れ合いを深めた'94国際家族年記念全国ファミリンピックいわて大会

3 防衛庁長官就任の祝福の電話に応対する玉沢徳一郎氏=6月30日

2 引退表明会見で「健康がすべて、引退は以前から考えていた」と語る工藤巌知事

JR東北線の滝沢駅付近で発生。通勤・通学客で満員の上り普通列車が脱線し、対向してきた貨物列車と衝突。幸いにもけが人はなかった。

久慈市の久慈地下石油備蓄基地の作業坑道を利用した地下水族科学館「もぐらんぴあ」が4月にオープン。大型連休は久慈市内が大渋滞になった。

経済・産業

前年、大凶作に見舞われたコメは16年ぶりに作況指数110台の大豊作となり、生産者に笑顔が戻った。大冷害を受けて沖縄・石垣島で種もみを増産した岩手オリジナル品種の名称が決定。16万通余りの応募から「かけはし」と「ゆめさんさ」が選ばれた。

県政・政治

工藤巌知事が9月、健康を理由に引退を表明。世界アルペンなど4大イベントが成功し、県立大学設置に道筋をつけたことで区切りをつけた。

非自民政権がわずか10カ月で崩壊し、自民党と社会党、新党さきがけによる村山連立内閣が6月に発足。岩手1区選出の玉山徳一郎氏が防衛庁長官に就任した。野党は新生党や日本新党など9党派が大同団結。衆参合わせて214人の新進党が12月に誕生し、小沢一郎氏が初代幹事長に就いた。

スポーツ

本県の登山隊「ヒマラヤ同人苦楽無《くらぶ》・山童子《やまぼっこ》」が9月、ネパールのダウラギリI峰（8167メートル）登頂に成功した。

夏の甲子園では初出場の盛岡四が山陽（広島）を6－3で下し、初陣を飾った。2回戦は水戸商（茨城）に0－1で敗れたものの、エース佐藤を中心にはつらつとした戦いぶりが印象的だった。盛岡四を最後に、岩手の公立勢は夏の甲子園の土を踏んでいない。

岩手日報
金日成主席（北朝鮮）が急死
号外
「死因は心臓病」と平壌放送
金正日体制に移行へ
内部抗争との見方も
詳報は日報朝刊で

1994年7月9日付号外

● この年のキーワード

コメ騒動・タイ米／Jリーグ・サポーター／天の声／ドラマ「ポケベルが鳴らなくて」／「清貧の思想」／「ジュラシック・パーク」

● 墓碑銘

深沢紅子（画家）／高橋三太郎（「白鳥おじさん」）／田中角栄（第64、65代首相）／井伏鱒二（作家）／安部公房（作家）／園山俊二（漫画家）／加藤楸邨（俳人）／山本安英（俳優）／ハナ肇（クレージーキャッツ）／笠智衆（俳優）／服部良一（作曲家）／藤山一郎（歌手）／猪俣公章（作曲家）／津田恒美（プロ野球広島投手）／オードリー・ヘプバーン（米俳優）／フェデリコ・フェリーニ（映画監督）／リバー・フェニックス（米俳優）

平成5

1993

6 献血運動推進全国大会に出席のため来県、県民に手を振ってこたえられる皇太子さまと雅子さま=7月13日、JR盛岡駅前

8 原型をとどめないほど炎上したJAS機=4月18日、花巻空港

3 100分の1秒を争う世界トップの滑りを見守る観衆=雫石スキー場小高倉コース

5 盛り上がりをみせた国民文化祭のオープニングパレード=盛岡市

1 異常気象で戦後最悪の凶作
2 コメ部分開放、生産者に衝撃
3 アジア初の世界アルペン
4 大河ドラマ「炎立つ」ブーム
5 盛り上がった国民文化祭
6 皇太子ご夫妻が2度来県
7 衆院選、新生党が2議席獲得
8 花巻空港でJAS機炎上
9 柳之御所遺跡の保存決定
10 釜石信金の解散・譲渡

産業

北東風ヤマセによる冷夏で、コメが戦後最悪の凶作に陥った。作況指数は昭和55年冷害の作況指数「60」を大幅に下回る「33」。沿岸や県北部の作況指数はひと桁となり、壊滅的な打撃を受けた。県は種もみ確保の一環として沖縄・石垣島で独自品種「岩手34号」「岩手36号」の増殖に乗り出した。12月には政府がコメ市場の部分開放を決定。生産者に追い打ちをかけた。

11 滝沢で五つ子誕生
12 新幹線盛岡以北のフル規格化へ展望
13 献血運動推進全国大会開く
14 久慈国家石油備蓄基地が完成・稼働
15 県議会で新会派・政研会発足
16 北海道南西沖地震、沿岸部に緊張走る
17 細川政権スタート、県民に期待と不安
18 玉山村議会議長選めぐり贈収賄
19 釜石鉱山が終掘
20 地方拠点都市に「北上中部」指定

【国際】

1. イスラエルとPLOが暫定自治宣言に調印
2. ガット新ラウンド交渉妥結
3. エリツィン・ロシア大統領が反対派を武力弾圧
4. 国連管理下の総選挙でカンボジア新体制発足
5. 単一通貨目指す欧州連合条約が発効
6. 米ロ、戦略核大幅削減のSTART2に調印
7. ボスニアや旧ソ連各地などで民族紛争続く
8. 最大の自由貿易市場NAFTA発足決まる
9. ソマリアで国連軍と現地武装勢力が衝突
10. APECが初の首脳会議

【国内】

1. 自民一党支配崩れ、細川連立政権誕生
2. 細川内閣がコメ部分開放受諾を決定
3. 金丸氏逮捕、ゼネコン汚職摘発拡大
4. 不況深刻化、雇用不安広がる
5. 冷夏で大凶作、外国産米を大量輸入
6. 北海道南西沖地震で奥尻島が崩壊状態
7. 皇太子さまが小和田雅子さんと結婚
8. 政治改革法案が衆院通過、決着は来年へ
9. カンボジアで日本人死傷、PKO活動終了
10. Jリーグがスタート、サッカー熱高まる

2 「コメの部分開放拒否」の決議を拍手で採択する本県代表の生産者=12月9日、東京・日比谷野外音楽堂

1 青立ちの水田で進められ 損害調査=10月1日、玉山

7 新党が躍進し「55年体制」が崩壊した総選挙の開票作業=盛岡市体育館

4 県内外から大勢の入場者が れた「えさし藤原の郷」。大河 ラマは、全国的な本県PRにつながった

10 地元金融機関に業務を引き継ぎ解散、63年間の歴史の幕を閉じた釜石信用金庫

9 堤防・バイパスのルート変更 が示され保存が決まった平 町の柳之御所遺跡

スポーツ・文化

アジア初開催となるアルペンスキー世界選手権盛岡・雫石大会が2月、雫石スキー場で開かれた。五輪初の大回転2連覇を果たしたトンバ選手(イタリア)を筆頭に、ジラルデリ選手(ルクセンブルク)やオーモット選手(ノルウェー)らトップ選手が出場。強風、吹雪、雨など悪天候にたたられたが、懸命のコース整備で大会を成功させた。

国民文化祭も「全国お国言葉大会」など、趣向を凝らしたイベントで約67万人の観客を集めた。結婚間もない皇太子さまと雅子さまが2度来県したのも大きな話題を読んだ。

岩手が舞台のNHK大河ドラマ「炎《ほむら》立つ」が人気を呼び、奥州藤原氏への関心が高まった。「平泉ブーム」の中、柳之御所遺跡の保存が決定。建設省は11月、堤防や国道4号バイパスのルート変更を打ち出した。

政治・経済

7月の第40回総選挙は、自民党と社会党による「55年体制」が崩れ、自民が政権の座を失う歴史的な結果になった。岩手では新生党が2議席を獲得した一方、社会党は2区の1議席にとどまった。

金融界に激震が走ったのが釜石信金の破たん。不良債権は約260億円に上り、業務は県内の6金融機関に引き継がれた。

釜石市の釜石鉱山は3月で採掘を終了。大島高任《たかとう》が1857年、日本初の洋式高炉で鉄の生産を始めて以来、136年間に及ぶ歴史に幕を下ろした。

社会

あわや大惨事の事故が花巻空港で起きた。4月18日、名古屋発の日本エアシステム(JAS)451便DC9が着陸に失敗し炎上。53人がけがをしたものの奇跡的に全員が助かった。

1993年8月9日付号外

●この年のキーワード

ほめ殺し(皇民党事件)／きんさん、ぎんさん(双子の長寿姉妹)／冬彦さん(ドラマ「ずっとあなたが好きだった」)／もつ鍋／レモン飲料／ツインピークス(米ドラマ)

●墓碑銘

深沢省三(画家)／宮錦(大相撲元小結)／松本清張(作家)／中上健次(作家)／長谷川町子(漫画家)／大山康晴(将棋棋士)／若山富三郎(俳優)／五社英雄(映画監督)／いずみたく(作曲家)／中村八大(作曲家)／尾崎豊(歌手)／藤村富美男(プロ野球阪神)／ジョルジュ・ドン(バレエダンサー)／アンソニー・パーキンス(米俳優)／アイザック・アシモフ(SF作家)

平成4

1992

1 予想の3倍近くも上回る200万人以上の入場者でにぎわった三陸博=釜石メーン会場

2 ノルディック複合団体の後半距離で力走する三ケ田礼一選手(リクルート)=2月18日、クールシュベル

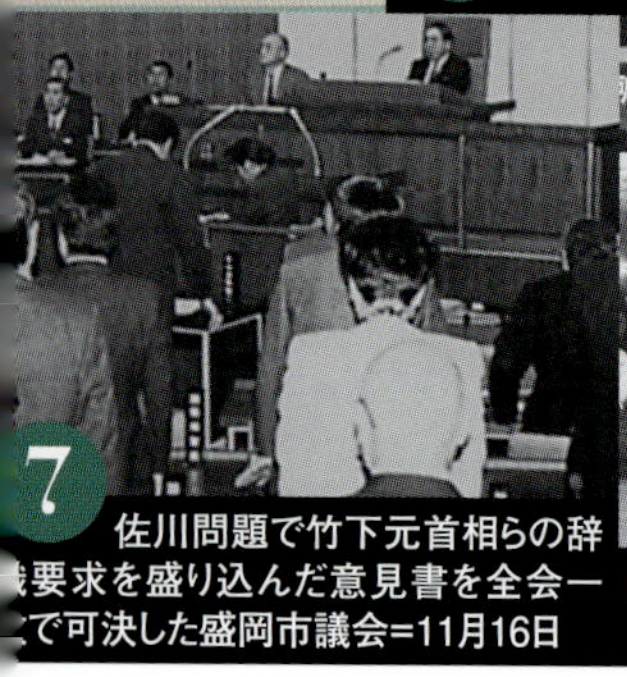

7 佐川問題で竹下元首相らの辞職要求を盛り込んだ意見書を全会一致で可決した盛岡市議会=11月16日

3 新盛岡市の発足を祝った式典=4月1日

1 大成功の三陸博
2 冬季五輪で三ケ田選手が金メダル
3 新盛岡市スタート
4 参院選で椎名氏大勝
5 NHK大河ドラマロケ地に江刺市
6 衆院2区の議員定数が1人減
7 市町村議会で東京佐川問題究明相次ぐ
8 盛岡―秋田ミニ新幹線着工
9 W杯盛岡・雫石大会
10 公務員の完全週休2日制スタート
11 高橋克彦氏が直木賞受賞
12 遠野の和牛偽精液事件
13 6年前の実母殺害、長男を逮捕
14 世界アルペンの開催準備進む
15 サンタ・マリア号が大船渡寄港
16 リコール運動盛り上がりで松尾の3村議辞職
17 理事間内紛の河南病院
18 主婦強殺、国際手配し逮捕
19 高田松原野外活動センター完成
20 1998年スキー国体開催地に雫石

社会

国のジャパンエキスポの認定を受けた「三陸・海の博覧会」(三陸博)が7月から9月にかけて釜石市、宮古市、山田町で開かれた。74日間の入場者は200万人を超え、大成功を収めた。

高橋克彦さん(44)が1月、短編集「緋《あか》い記憶」で本県5人目となる直木賞を受賞した。その高橋氏の書き下ろし作品「炎《ほむら》立つ」が翌年7月からNHK大河ドラマとして放送されることが決定。歴史公園「えさし藤原の

【国際】

1. 米新大統領に民主党のクリントン氏当選
2. UNTAC始動、ポル・ポト派が和平に抵抗
3. 米ロ首脳会談で大幅核削減に合意
4. 環境問題で地球サミット
5. 米・EC農業交渉妥結、新ラウンド決着へ
6. ユーゴの内戦泥沼化
7. 中韓国交樹立、北朝鮮の孤立深まる
8. 内戦と飢餓のソマリアへ多国籍軍派遣
9. ロシアで保守党が巻き返し、混乱続く
10. マーストリヒト条約の批准遅れ欧州統合が難航

●**次点**：史上最大のバルセロナ五輪開催

【国内】

1. 佐川事件で政界に激震、政治不信が頂点に
2. PKO協力法成立、自衛隊をカンボジアに派遣
3. 不況深刻化、大型景気対策を発動
4. 天皇陛下が初の中国訪問
5. ロシア大統領の訪日、直前で中止
6. 政府、コメ開放で最終決断へ
7. 金融機関の不良債権が問題化
8. エイズ感染者が急増、対策に本腰
9. 暴力対策法を施行
10. 自民党最大派閥の竹下派が分裂

●**次点**：宇宙飛行士毛利衛さんが宇宙実験

9 世界のトップスキーヤーの滑りをひと目見ようと、大勢のスキーファンが詰めかけたW杯盛岡・雫石大会

10 県庁職員の完全週休2日がスタートした=8月1日

5 整備が進む江刺市の歴史公園「えさし藤
の郷（さと）」。「炎立つ」のロケ地に選ばれた

6 前回衆院選の岩手2区。定数「3」となり激戦必至に

4 参院選岩手選挙区で圧勝、支
者の祝福にこたえる椎名氏=7月26日

郷《さと》」を整備している江刺市（当時）がメーンロケ地に選ばれた。

スポーツ

2月に仏アルベールビルで開かれた冬季五輪ノルディックスキー複合団体で日本が初制覇。安代町（当時）出身の三ケ田礼一選手（25）が主力メンバーとして県人初の金メダルに輝いた。三ケ田選手は会心のジャンプで日本の前半トップに貢献。1走を務めた後半距離でも2位オーストリアの追い上げを約30秒しか許さず、日本の独走ゴールをお膳立てした。

アルペンスキーのワールドカップが雫石町の雫石スキー場で2月から3月にかけて行われ、世界の滑りがスキーファンを魅了した。

政治

第16回参院選は7月に行われ、岩手選挙区は前衆院議員の椎名素夫氏が約36万票を獲得して大勝した。衆院定数を「9増10減」する改正公職選挙法が成立し、岩手2区は「4」から「3」になった。

東京佐川急便疑惑をめぐる不正献金や暴力団とのかかわりで、政治不信が頂点に。徹底解明や政治倫理の確立を求める決議や意見書の可決が市町村議会で相次ぎ、盛岡市議会は名指しで竹下登元首相の議員辞職を求めた。

行政・経済

都南村を編入合併した新盛岡市が4月に誕生。人口は東北6県の県庁所在地で4番目となる約28万人だった。県職員の完全週休2日制が8月1日スタート。法定労働時間を週40時間に短縮する改正労働基準法施行を翌春に控え、土曜休みが官民問わず広がった。秋田から東京まで乗り換えなしでつなぐ秋田新幹線が着工し、横軸の高速化への期待が高まった。

岩手日報
号外
詳報は日報夕刊で
PKO法案 可決 参院特別委
自衛隊海外派遣に道
未明の採決、社共反発
PKO協力法案の要旨

1992年6月5日付号外

平成 3
1 9 9 1

●この年のキーワード

若・貴兄弟／ひとめぼれ（コメ新品種）／紺ブレ／ドラマ「101回目のプロポーズ」／宮沢りえ写真集／「もものかんづめ」／カルピスウォーター

●墓碑銘

増田盛（元参議院議員）／井上マス（作家井上ひさしの母）／本田宗一郎（本田技研工業創業者）／井上靖（作家）／上原謙（俳優）／春日八郎（歌手）／ディック・ミネ（歌手）／貝谷八百子（バレリーナ）／升田幸三（将棋棋士）／海老原博幸（ボクシング元フライ級王者）／マイルス・デイビス（ジャズ・トランペット）／フレディ・マーキュリー（「クイーン」）／イブ・モンタン（仏俳優）

5 東北新幹線盛岡以北の起工式でくわ入れする関係者ら=9月4日、青森県名川町

4 総合開会式で堂々の行進を見せる本県選手団=9月21日

8 合併協定書への署名・調印を終え、握手する太田盛岡市長（左）と藤村都南村長=12月9日

1 監禁場所の空き家の前で行われた現場検証=11月18日

2 知事初当選を喜ぶ工藤巌氏と昭子夫人=4月7日

1. 118号事件、元刑事ら逮捕
2. 工藤巌氏が知事に初当選
3. 県企業局、ゴルフ場問題
4. 「ねんりんピック」成功
5. 東北新幹線の盛岡以北着工
6. 松尾村議会でゴルフ場汚職
7. 新北上市が誕生
8. 盛岡と都南が合併調印
9. 水稲、3年ぶりの不作
10. 台風19号で農作物被害

社会

元県警刑事らが凶行を繰り返した警察庁指定118号事件は、県民に大きな衝撃を与えた。犯行グループは現金強奪のために岩手、福島、千葉でそれぞれ被害者を誘拐・監禁、2人の命を奪った。指名手配直前に逃亡した元刑事は10月、潜伏先の東京で逮捕された。

　ゴルフ場をめぐる不祥事も相次いだ。県企業局が職員専用として玉山村（当時）に整備したゴルフ場に批判が噴出。法的手続

11. 東北新幹線の東京駅乗り入れ
12. 柳之御所跡の解明に前進
13. 岩手靖国訴訟の公式参拝に違憲判決
14. 岩手めんこいテレビ開局
15. 中村直知事が退任
16. 夏の甲子園で専大北上が県勢4年ぶり初戦突破
17. 湾岸戦争突入、県内にも衝撃
18. 小沢自民党幹事長が辞任
19. W杯盛岡・雫石大会開幕、悪天候で競技中止
20. 盛岡市長に太田氏4選

【国際】

1. ソ連共産党解散、連邦解体
2. 湾岸戦争、米主導でイラク新秩序
3. START調印、米ソが新核軍縮で合意
4. 南北朝鮮が国連加盟、不可侵・交流で合意
5. ユーゴで民族紛争激化、内戦へ突入
6. カンボジア和平協定調印、中越和解
7. バルト三国が独立回復、国連加盟
8. 和平会議開催、中東に新機運
9. サミットがソ連大統領招待。対ソ緊急支援決定
10. 比のピナトゥボ火山噴火、米空軍基地も返還

【国内】

1. 「湾岸」へ90億ドル支援、掃海艇派遣
2. 雲仙普賢岳で大火砕流、死者不明43人
3. 海部首相が退陣、宮沢政権発足
4. 証券・金融不祥事相次ぎ、蔵相・トップ辞任
5. バブル崩壊、株価低迷と地価下落
6. ソ連大統領が初来日、共同声明に領土明記
7. 国連平和維持活動(PKO)協力法案不成立
8. 台風19号で死者62人、リンゴなど大被害
9. 信楽高原鉄道で列車衝突、死者42人
10. コメ開放、「例外なき関税化」で日本苦境に

3 県企業局が玉山村に造成した職員ゴルフ場

13 公式参拝に初の違憲判断を示した岩手靖国訴訟の仙台高裁判決。報告集会に臨んだ原告団は喜びに包まれた＝1月10日

10 台風19号の強風で落下したリンゴの前に立ちつくす栽培農家＝9月28日、二戸市

9 「著しい不良」となった県内水稲

きのミスも発覚し、局長の辞任に発展した。松尾村(当時)ではゴルフ場開発に絡む贈収賄事件があり、村議や前村議ら計10人が逮捕される事態となった。

　東日本初となる高齢者の祭典「ねんりんピック」が9月、県内14市町村で開催され、約16万人が交流の輪を広げた。本県22年ぶりの民放テレビとなる「岩手めんこいテレビ」は4月1日に開局した。

政治・行政

　3期12年務めた中村直知事が引退、新人同士の争いとなった4月の知事選は前衆院議員で無所属の工藤巌氏が初当選。52万票の支持を得て県政のリーダーに就いた。

　その工藤氏が盛岡市長だった1969(昭和44)年に申し入れ、実現できなかったのが都南村との合併。それから22年後、人口日本一の村となった都南村が盛岡市との合併に合意、12月に調印式が行われた。新北上市が4月に発足。県内の市町村合併は二戸市(福岡町と金田一村)以来、19年ぶりだった。

　靖国神社公式参拝と玉ぐし料の公費支出をめぐる「岩手靖国訴訟」で、仙台高裁は1月、違憲判決を言い渡した。被告側の県と県議団の上告や特別抗告などは却下され、政教分離を明確にした司法判断は、戦争の教訓をあらためて国民に問い直した。

経済・産業

　開業10年目の東北新幹線は、6月に念願の東京駅乗り入れが実現。9月には青森までの盛岡以北約193㌔が着工し「大動脈」としての存在感を増した。

　コメは夏場や秋の天候不順が響き「著しい不良」。9月には台風19号で盛岡市や花巻市、二戸市などリンゴ産地に大きな被害が出た。

「湾岸」ついに地上戦
岩手日報
号外
多国籍軍 クウェート突入
海兵隊やアラブ軍参加
詳細は日曜朝刊で
米大統領大きなかけ

1991年2月24日付号外

平成2 1990

● この年のキーワード

ファジィ家電／ちびまる子ちゃん／おやじギャル／アッシー／ティラミス／スーパーファミコン／「『NO』と言える日本」／一番搾り（キリンビール）

● 墓碑銘

春日野清隆（元横綱栃錦）／池波正太郎（作家）／土屋文明（歌人）／土門拳（写真家）／高峰三枝子（俳優）／藤山寛美（松竹新喜劇座長）／浜口庫之助（作曲家）／芥川隆行（ナレーター）／宮田輝（元NHKアナウンサー）／東久邇稔彦（旧皇族、第43代首相）／レナード・バーンスタイン（米指揮者、作曲家）／グレタ・ガルボ（米俳優）／アート・ブレイキー（ジャズドラマー）

10 平泉町の「柳之御所遺跡」（左下）から次々と新しい重要な出土品が現れ、関心を集めた

1 引退表明する中村知事（中央）=6月30日

4 合併協定に調印する高橋北上市長（中央）、斎藤和賀町長（左）、菊池江釣子村長=12月3日

1 中村知事が引退表明
2 衆院選で自民現職2氏敗退、保革伯仲に
3 台風と大雨で被害
4 北上圏3市町村の合併調印
5 もりおかスケート国体開催
6 水稲3年ぶりの豊作
7 前浄法寺町長ら贈収賄で逮捕
8 知事選、工藤巌氏で保守勢力一本化
9 新幹線盛岡以北着工と在来線存廃問題
10 柳之御所跡の保存運動高まる

政治

消費税導入を争点にした2月の第39回総選挙で、自民党の玉沢徳一郎氏と椎名素夫氏が議席を失い、社会党は1区で2議席を獲得。全体では自民党が過半数を維持したものの、岩手は保革伯仲の結果となった。

東北新幹線や三陸鉄道、東北自動車道など交通網の整備に尽力した中村直《ただし》知事が6月、3期12年での引退を表明。現職衆院議員の工藤巌《いわお》氏が11月、無所属での出馬を表明した。

11 六原駅で県内初の過激派ゲリラ事件
12 夏の高校野球、麻生一関対一関商工の熱闘30回
13 県議会定数「下閉伊」が1人減
14 交通事故死者は最悪ペース
15 世界アルペンなど4大イベントの組織委発足
16 盛岡に県営武道館完成
17 県人口5年間で1万6千人減少
18 自販機からニセ千円札続出
19 自流米初入札で県産ササニシキ不振
20 釜石のカセイ倒産

【国際】

1. イラクがクウェート侵攻、湾岸危機重大局面
2. ソ連一党独裁放棄、国内危機深まる
3. ドイツ統一、初の選挙で保守・中道圧勝
4. 欧州が不戦宣言、新時代へ
5. 東欧選挙で民主・改革勢力が相次ぎ勝利
6. サッチャー氏辞任、英国新首相にメージャー氏
7. フロン全廃、CO_2削減で地球環境問題前進
8. 南北朝鮮初の首相会談、統一への模索続く
9. 韓国が対ソ国交樹立、中国に貿易代表部
10. 南アで黒人指導者マンデラ氏釈放

【国内】

1. 湾岸危機で日本人も人質、年末解放
2. 天皇陛下の即位の礼、大嘗《だいじょう》祭
3. 自衛隊海外派遣で憲法論議、協力法案廃案
4. 株暴落、バブル経済に亀裂
5. 衆院選で自民勝利、「自社対決」新時代へ
6. 日米構造協議決着、430兆円の公共投資決定
7. 日朝3党が国交目指し宣言、紅粉船長ら帰国
8. 生体肝移植相次ぎ、脳死論議も高まる
9. 地価高騰全国に拡大、「地価税」導入へ
10. 本島長崎市長を右翼が狙撃

3 大雨の鉄砲水で押し流された民家=11月5日未明、東山町

6 3年ぶりの豊作となった県内水

9 東北本線の存続を願い県議会を傍聴する一戸町民=11月28日

8 来春の知事選に出馬表明する工藤巌自民党県連会長=10月27日

5 もりおかスケート国体開会式 入場行進する本県選手団=1 28日、県営スケート場

北上市、和賀町、江釣子村の合併協議がまとまり、盛岡市に次ぐ人口8万人の都市誕生が決定。浄法寺町で職員採用をめぐる贈収賄が明るみになり、前町長が逮捕された。

災害・経済

台風と低気圧による2度の大雨が県土を襲った。9月の台風19号で県南の田畑約1200ヘクタールが冠水、10月の大雨では死者1人、200億円を超す被害が出た。水稲は3年ぶりの豊作となり、県全体の作況指数は「106」の「良」だった。

花巻空港が6月からジェット化。1966(昭和41)年の就航以来、空の旅を支えた国産プロペラ機「YS11」が姿を消した。盛岡市内丸でひと月の降下ばいじん量が60トンにも達するなど、スパイクタイヤによる粉じん問題が深刻化。6月に「スパイクタイヤ粉じん発生防止法案」が国会で成立し、脱スパイクに向けた動きが一気に進んだ。

スポーツ・文化

夏の高校野球で今も語り草になっているのが、岩手大会準々決勝の麻生一関-一関商工の試合。延長18回で決着がつかず、翌日の再試合も3対3のまま延長戦に。12回に3点を奪った麻生一関が6-3で計30イニングに及ぶ熱戦を制した。盛岡市の県営スケート場で1月、インターハイと国体が相次いで行われ、インターハイ男子1500メートルで小田智樹選手(竜沢高)が優勝するなど、県勢の活躍に沸いた。

国道4号バイパス整備に伴う発掘調査が平泉町の柳之御所跡で進められ、奥州藤原氏につながる遺構や遺物が次々と出土。保存に向けた機運が高まった。

社会

秋ごろから変造千円札が世間を騒がせた。岩手と青森の自販機で使われた変造札は約800枚にも上り、屋外設置が当たり前の「自販機大国」に一石を投じた。

双葉山が70連勝を阻まれた一番など、数々の名勝負をさばいた盛岡市出身の立行司、第27代木村庄之助さん(64)が11月の九州場所で引退、54年間の行司生活を終えた。

● **この年のキーワード**
1円玉（消費税）／セクシュアル・ハラスメント（セクハラ）／一杯のかけそば／バンドブーム／吉本ばなな／伝言ダイヤル／24時間タタカエマスカ／はちみつレモン／ハンディカム55

● **墓碑銘**
色川武大（作家）／菊地規（「北上夜曲」作詞）／小西喜蔵（騎手、セントライト号3冠）／美空ひばり（歌手）／手塚治虫（漫画家）／松下幸之助（松下電器創業者）／開高健（作家）／田河水泡（漫画家）／古関裕而（作曲家）／芥川也寸志（作曲家、指揮者）／松田優作（俳優）／ヘルベルト・フォン・カラヤン（指揮者）／ウラジーミル・ホロビッツ（ピアニスト）／サルバドール・ダリ（画家）

平成元年 1989

7 W杯アルペン盛岡・雫石大会の会場となる雫石スキー場（高倉山）

6 開通式でテープカットする関係者=9月7日、安代町

9 大勢の家族連れが入場した盛岡市動物公園のオープン初日=4月

3 引退を決意し、後援会幹部会議出席のため盛岡入りした鈴木元首相=10月28日、盛岡駅

1 **参院選で自民惨敗、社党・小川氏が再選**
2 **志賀環境庁長官、小沢幹事長が誕生**
3 **鈴木元首相が引退**
4 **新日鉄釜石の高炉休止**
5 **昭和天皇崩御、県民も哀悼の意**
6 **東北道八戸線が全線開通**
7 **W杯アルペン、盛岡・雫石開催決定**
8 **盛岡市アイスアリーナ開場**
9 **盛岡市動物公園が開園**
10 **芭蕉・奥の細道300年祭**

政治

リクルート事件や消費税問題で政治不信が高まった平成元年。7月の参院選で社会党の小川仁一氏が44万票を獲得し、反売上税を掲げた2年前の補選に続く当選を果たした。自民党は歴史的な敗北を喫し、宇野宗佑首相は2カ月余りで辞任。8月に発足した海部新政権で、当時47歳だった小沢一郎氏が自民党幹事長に抜てきされた。

一方で10月に本県入りした鈴木善幸元首相が引退を表明。政

11 **父親が妻子5人殺害**
12 **三陸沖でM7・1の地震、津波警報**
13 **消費税実施に反発**
14 **新幹線「岩手トンネル」着手**
15 **県労働界の再編成**
16 **水稲「平年並み」に**
17 **民間テレビ第3局本決まり**
18 **さんりく・リゾートを国が承認**
19 **盛岡・都南の合併協議会発足**
20 **観測史上2番目の暖冬**

【国際】

1. 東欧に民主化の大波、ベルリンの壁崩壊
2. 米ソ首脳がマルタで会談、冷戦時代に終止符
3. 中国で天安門流血事件、趙紫陽氏が失脚
4. ブッシュ米政権が誕生、順調な滑り出し
5. ソ連軍がアフガニスタンから撤退、介入に幕
6. 地球環境問題が国際課題に、フロン全廃
7. ソ連書記長、30年ぶりに訪中、関係正常化
8. サンフランシスコで大地震
9. 改革進むソ連で民族運動のうねり
10. 鄧小平氏が軍事委主席辞任、後任に江沢民氏

●**番外**：米がパナマに侵攻

【国内】

1. 昭和天皇崩御、平成へ
2. 参院選で与野党逆転、自民惨敗・社会躍進
3. 政治不信で竹下－宇野－海部と政権交代
4. 消費税導入、廃止・見直しで攻防
5. 幼女連続誘拐殺人事件で宮崎勤容疑者逮捕
6. 「連合」発足、労働界が大再編
7. リクルート事件12人起訴、公判始まる
8. 戦後最大のスター歌手美空ひばりさん死去
9. 「難民」次々に漂着、政策見直し迫られる
10. 「岩戸」に迫る好景気で人手不足時代に

2 小沢一郎自民党幹事長

2 志賀節環境庁長官

1 参院選で大勝し、支持者の祝福を受け小川仁一氏

10 平泉の中尊寺坂下に建てられた芭蕉・奥の細道300年祭の歓迎塔

8 東日本屈指の設備を誇る盛岡市アイスアリーナ

5 昭和天皇崩御で商店街は自粛ムード、休業の店が目立った＝1月7日、盛岡市大通

4 唯一稼働していた新日鉄釜石製鉄所の高炉休止式＝3月25日

界の世代交代を印象づけた。

経済・産業

釜石市の新日鉄釜石製鉄所で唯一稼動していた第一高炉が3月に休止。太平洋戦争などを除けば、溶鉱炉の火が鉄のまちから初めて消えた。八戸自動車道が全線開通し、県北地方に高速交通の時代が訪れた。

スポーツ

冬季スポーツにうれしいニュースが続いた。1993年アルペンスキー世界選手権会場の雫石町・雫石スキー場で、91年と92年にワールドカップが開催されることが決定した。盛岡市には東日本屈指の設備を誇る市アイスアリーナが完成。11月にフィギュアスケートのエキシビション大会が開かれ、伊藤みどり選手らが華麗な演技を披露した。

社会

昭和天皇ご逝去で県内も追悼ムード一色となり、イベントや祭りの自粛が相次いだ。

夏から秋にかけては松尾芭蕉の「奥の細道」紀行300年関連のイベントが繰り広げられ、県民に明るい話題を提供した。市制100周年を記念して整備された盛岡市動物公園がオープン。ゾウやキリンなど人気の動物は2年後に仲間入りした。

土曜休みの動きが広がり、2月から金融機関の土日完全休業がスタート。県庁も6月から土曜閉庁とした。

11月に三陸沖を震源地とするマグニチュード7・1の地震が発生、8年ぶりに津波警報が発令された。国土地理院が岩手山の高さを2041メートルから2039メートルに修正。2年後にはさらに1メートル低くなり、現在の2038メートルとなった。父親による一家5人殺害は、岩手の事件史上まれにみる凶行として県民に衝撃を与えた。

岩手日報

天皇陛下 崩御

新元号は「平成」 あすから施行

激動の「昭和」終わる 87歳、十二指腸がんで

皇太子殿下が即位

陛下には病名秘す

45－50日後「大喪の礼」

ブッシュ氏弔問へ

陛下のご来県 植樹祭が最後

1989年1月7日付夕刊

「平成の大合併」市町村地図

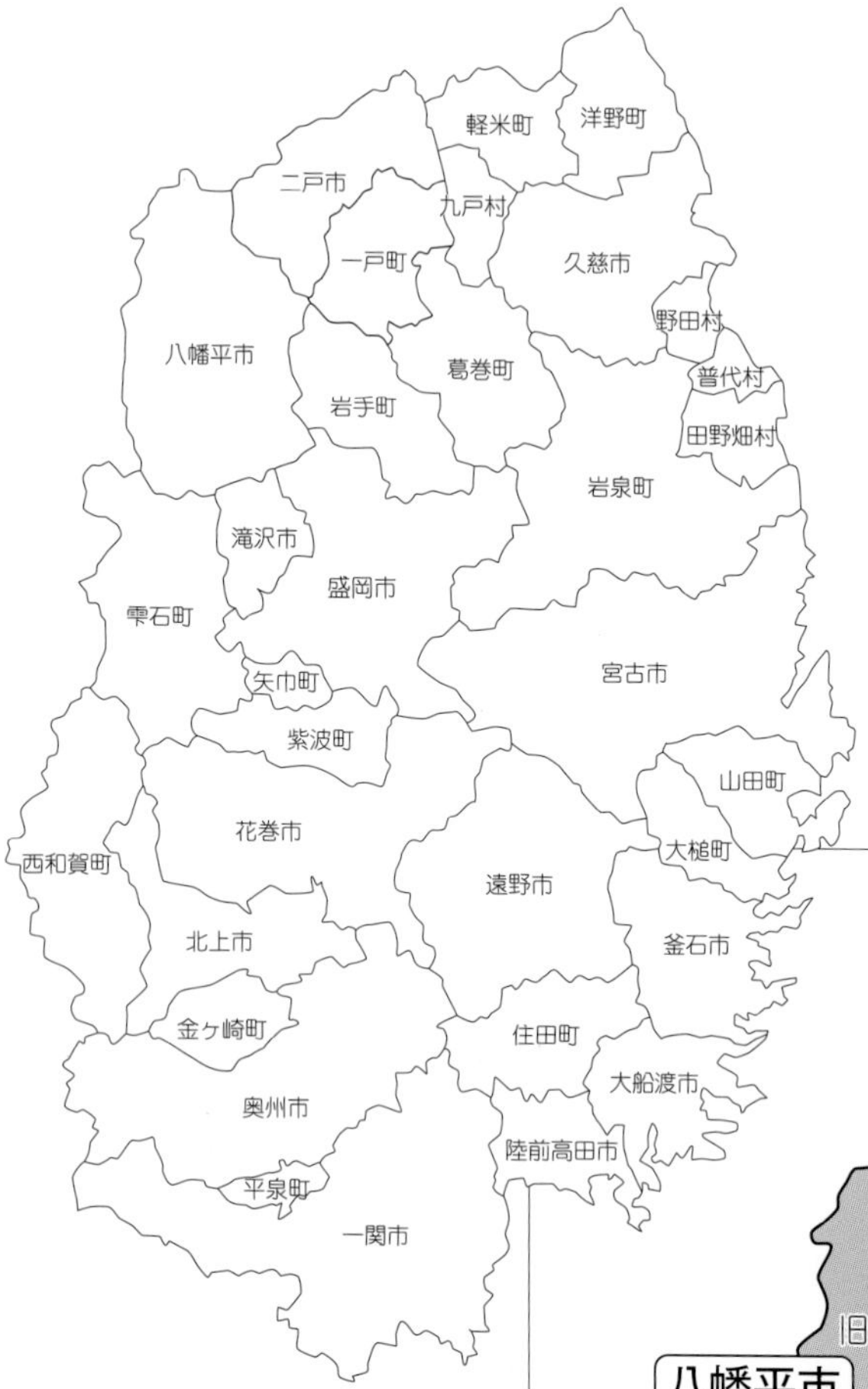

2019年現在

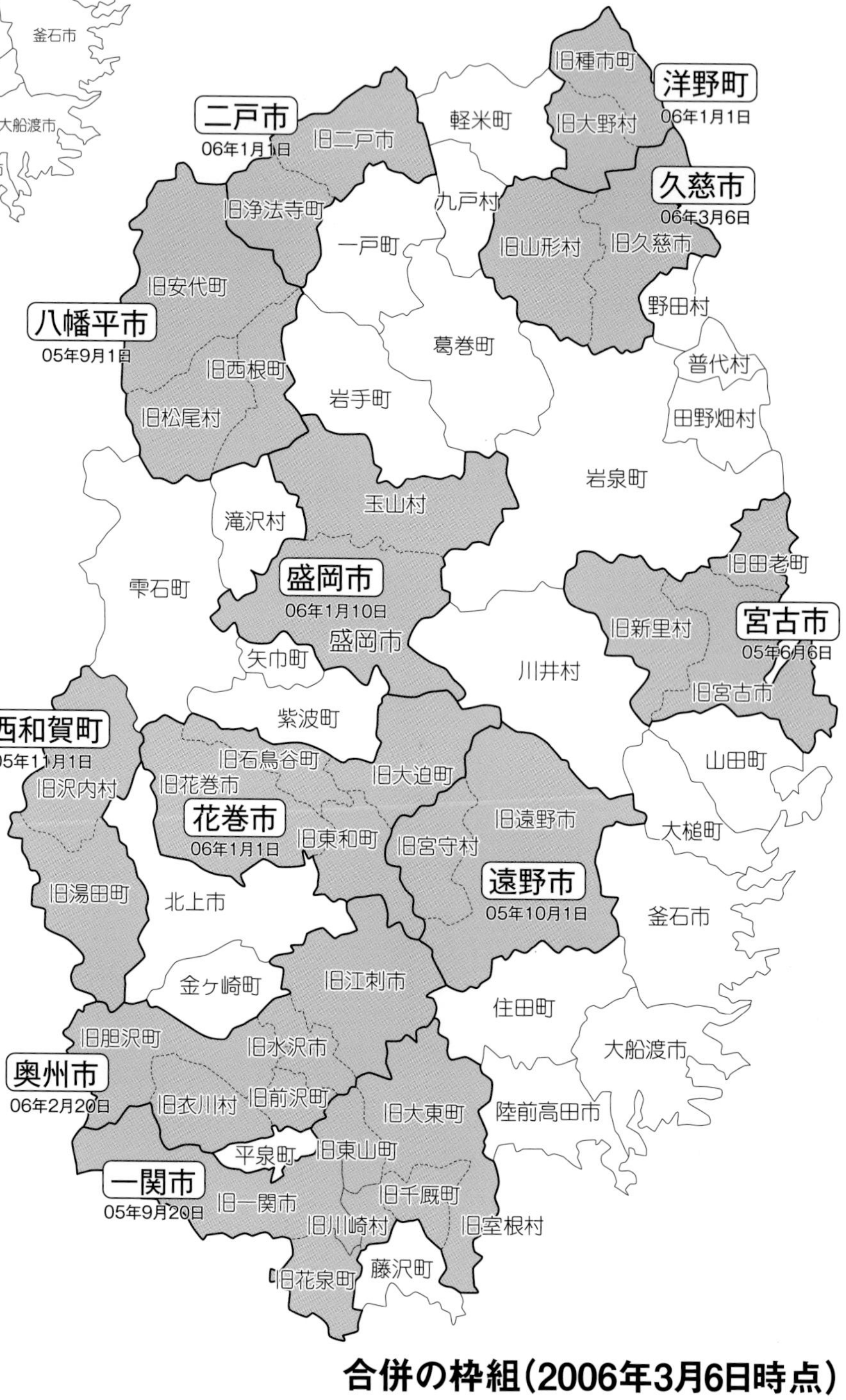

合併の枠組（2006年3月6日時点）

特集

東日本大震災

平成の三陸大津波から8年

沿岸部をのみこんだ「平成の大津波」。
多くの命を奪い、まちをがれきで埋め尽くした未曾有の大災害から
2019年3月で8年がたった。
土地がかさ上げされ、道路・鉄道・港が再建されるなど、
まちの姿は日々変化している。
沿岸各地の復興への歩みは続く。

東日本大震災　県内の被害者数

死　者	4673人
震災関連死	467人
行方不明者	1114人

2019年4月30日現在。県総合防災室まとめ。
行方不明者数には死亡届の受理数を含む

三陸道（右）と釜石道（左）が接続する釜石ジャンクション。沿岸と内陸を結ぶ横軸の全線がつながった＝2019年3月9日、釜石市定内町

大津波の記録 2011年3月

洋野町

3月11日午後3時36分

津波は瞬く間に漁港に入り込み、作業小屋や漁船に襲いかかった＝洋野町種市庁舎近く

久慈市

3月11日午後3時33分ごろ

久慈港を襲う1度目の津波。奥からは次の大きな津波が白波を立てて迫る＝久慈市湊町

野田村

3月13日午後2時15分

並走する国道45号を越え、住宅地に押し流された三陸鉄道北リアス線のレール部分。コンクリートの枕木ごと引きちぎられた＝野田村野田

田野畑村

3月11日午後3時35分

強い引き波によって、海岸から数㌔先の海底が現れる。信じられない光景が広がった（右奥の白い建物はホテル羅賀荘）＝田野畑村明戸

岩泉町

3月29日

水路を埋め尽くすように押し寄せたがれき＝岩泉町小本

普代村

3月13日

普代村の太田名部漁港では水産加工場や番屋がめちゃくちゃに壊れ、船や漁具が散乱した

宮古市 3月11日午後3時25分

防潮堤を乗り越えて市街地を襲う「黒い波」
＝宮古市新川町の市役所5階から

山田町

3月12日午前4時50分

山田町中心部で発生した大規模な住宅火災＝山田町八幡町

大槌町

3月13日午前8時45分

地震発生から3日目の大槌町中心部。街全体が水につかったままの光景が広がる＝大槌町城山公園から

大津波の記録 2011年3月

特集

東日本大震災

平成の三陸大津波から8年

釜石市

3月11日午後3時22分

高台にある避難道路から津波の襲来を見守る人たち＝釜石市浜町

大船渡市

3月11日午後3時35分

大船渡市内をのみ込む津波。船が市街地を流れていく

陸前高田市

3月11日午後3時30分

津波は瞬く間に街をなめ尽くし、足元に迫ってきた＝陸前高田市気仙町の泉増寺から

復興への歩み

陸前高田市

【2011年】市街地が壊滅状態となった陸前高田市（中央の黒ずんでいる部分は上空の雲の影）＝3月27日

【2013年】復興工事で変わりゆく市街地。夕闇迫る中、うごく七夕まつりの華やかな山車が練り歩いた＝8月7日、陸前高田市高田町

【2011年】震災から半年、街中を覆っていたがれきも仮置き場に撤去された。高台には新たな生活の場となる仮設住宅が並ぶ＝8月26日、陸前高田市の仮設住宅

【2015年】東日本大震災から4年半、土砂運搬作業を大幅に短縮し、役目を終えた巨大ベルトコンベヤー＝9月14日、陸前高田市気仙町

【2015年】陸前高田市高田町＝11月16日

【2019年】高台に移転再建された陸前高田市の気仙小。県内で被災した全ての公立校が再建された＝1月18日

【2017年】気仙川周辺では土地区画整理事業も進められた＝陸前高田市気仙町

復興への歩み

大槌町

【2011年】壊滅的な被害を受けた大槌町＝3月27日

【2012年】真っ白い雪に覆われた大槌町中心部＝2月29日

【2013年】大槌町中心部

【2017年】道路や防潮堤整備が進み、復興の槌音が響く大槌町中心部＝城山公園付近から

【2016年】造成工事が進む大槌町の町方地区＝3月4日

【2018年】旧役場庁舎と復興拠点施設（おしゃっち）が並ぶ大槌町中心部＝3月3日

【2015年】大槌町の旧役場庁舎周辺＝11月16日

【2011年】被災直後の大槌町旧役場庁舎＝3月24日

【2019年】解体作業が全て終了し、更地になった大槌町の旧役場庁舎跡地＝3月2日

【2019年】解体工事が進む大槌町の旧役場庁舎＝1月24日

復興への歩み

宮古市

【2019年】宮古駅南側に2018年10月、中心市街地拠点施設のイーストピアみやこが開所。市役所本庁舎、市民交流センター、保健センターを整備し、駅を中心としたまちづくりが始まっている＝2月22日

【2011年】サンマの水揚げが始まり、徐々に活気を取り戻しつつある宮古市魚市場＝8月26日、宮古港

【2013年】土地区画整理事業が導入される鍬ヶ崎地区。2013年度から換地設計が始まり、新たなまちづくりが本格化する＝3月5日

宮古市田老

【2011年】万里の長城と呼ばれた「X字型」防潮堤を築き、万全の津波対策を取っていた宮古市田老地区も大きな被害を被った＝8月26日

【2015年】造成工事が終わり住宅建設が本格化する三王団地＝11月11日、宮古市田老地区

山田町

【2019年】県立山田病院、山田消防署、宮古署山田交番が高台に集まった公共防災エリア。町内最後の災害公営住宅の山田第1団地にも家が立ち並ぶ＝2月22日

【2011年】山田町船越＝5月16日

【2015年】11月16日

釜石市中心部

【2011年】中心商店街には浸水し半壊した建物が多く残る＝8月26日

【2015年】11月16日

釜石市鵜住居町

【2011年】風光明媚な根浜海岸の砂浜が消え、JR山田線も寸断された＝8月26日

【2015年】11月16日

【2019年】秋のラグビーW杯に向け、2018年7月に完成した釜石鵜住居復興スタジアム（手前左）。地盤をかさ上げした鵜住居地区には新たな住宅が並び始めた＝2月22日

大船渡市

【2011年】大船渡市の大船渡港。中心部のがれき撤去が進む＝8月26日

【2015年】11月16日

【2019年】商店や住宅の建設が続く中心市街地。2018年は市防災観光センター（愛称・おおふなぽーと）が完成し、2019年4月は夢海（ゆめみ）公園の利用が開始＝2月22日

特集

東日本大震災

平成の三陸大津波から8年

三陸鉄道リアス線開通

震災発生からわずか5日後、三陸鉄道は北リアス線で運行を再開。
以来、復興のシンボルとして沿線に大きな勇気を与え続けてきた。
そして2019年3月23日、
久慈―大船渡・盛間163㌔を
乗り換えなしでつなぐリアス線が開業。
8年ぶりに列車が走った
宮古―釜石間の沿線住民も喜びに沸いた。

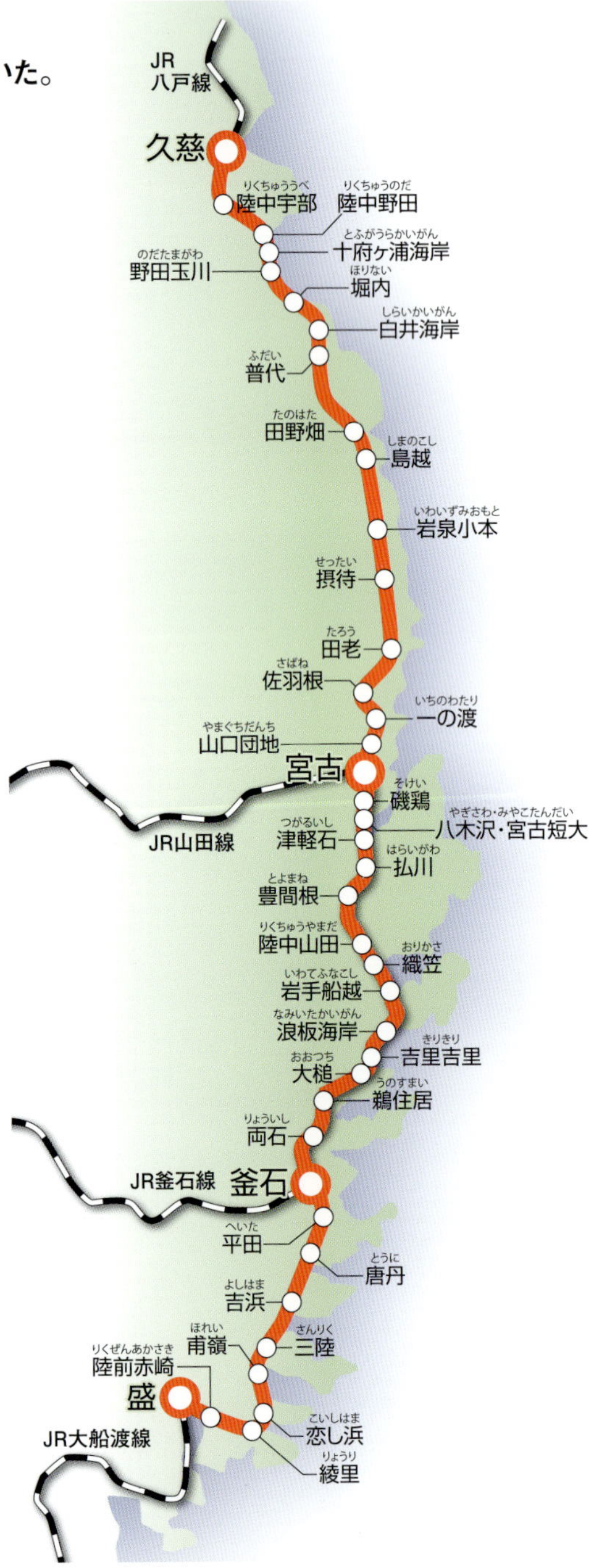

【2011年】宮古から小本まで運行を再開した三陸鉄道北リアス線＝3月29日、宮古市・三陸鉄道宮古駅

【2012年】陸中野田―田野畑間で運行を再開した三陸鉄道北リアス線。輝く朝日を受けて田野畑駅を目指す久慈駅発の一番列車＝4月1日、野田村野田

【2019年】全線開通し、盛ー久慈間の163㌔が一本の鉄路で結ばれた三陸鉄道リアス線。オランダ島（右奥）が浮かぶ山田湾を望む陸中山田駅は開通を祝福する人々でにぎわった＝3月23日、山田町川向町

東日本大震災からリアス線開通までの歩み

2011年	3月11日	東日本大震災発生。津波で線路が流失するなど運行不能に
	3月16日	北リアス線陸中野田ー久慈間の運行再開
	3月20日	北リアス線宮古ー田老間の運行再開
	3月29日	北リアス線田老ー小本間の運行再開
2012年	4月1日	北リアス線田野畑ー陸中野田間の運行再開
2013年	2月16日	クウェートの支援で製造された新型車両3両を導入
	4月3日	南リアス線盛ー吉浜間の運行再開
2014年	1月31日	JR東日本が山田線宮古ー釜石間（55.4㌔）の三鉄移管案を提示
	4月5日	南リアス線吉浜ー釜石間の運行再開。南リアス線全線が復旧
	4月6日	北リアス線小本ー田野畑間の運行再開。南北リアス線（総延長107.6㌔）完全復旧
	12月24日	県、沿岸12市町村、三鉄がJR山田線宮古ー釜石間の三鉄への運営移管案受け入れで合意
2017年	12月25日	盛ー久慈間の路線名を「リアス線」と決定
2019年	3月23日	リアス線（盛ー久慈間、163㌔）全線開通

【2014年】島越駅に到着する三陸鉄道北リアス線の下り一番列車。島越漁港では復旧工事が進む＝4月6日、田野畑村

特集

東日本大震災

平成の三陸大津波から8年

三陸鉄道 リアス線開通

【2014年】全線の運行を再開した三陸鉄道南リアス線。釜石湾を背景に上り列車が釜石市内を走る＝4月5日、釜石市松原町

【2013年】被災した漁港の復旧作業が続けられる中、大船渡市内で運行再開した三陸鉄道南リアス線の一番列車＝4月3日、大船渡市三陸町越喜来・泊漁港付近

年表

岩手の平成史

1989-2019

（日付は現地時間）

平成31年 2019

1・2 菊池雄星投手、米マリナーズと4年契約
1・6 ジャンプ週間、小林陵侑選手が4戦全勝V
1・10 レスリング吉田沙保里さん引退会見
1・11 勤労統計で調査不正、雇用保険過少給付
1・12 ジャンプ小林陵選手、W杯6連勝
1・15 錦木関が県人51年ぶり金星
1・16 横綱稀勢の里が引退
1・26 大坂なおみ選手、全豪テニス女子単で初優勝
1・27 人気グループ嵐、20年末で活動休止と発表
2・1 日本とEUの経済連携協定（EPA）発効
2・12 競泳の池江璃花子選手、白血病を公表
2・22 探査機「はやぶさ2」、小惑星着陸に成功
2・24 沖縄県民投票、辺野古埋め立て反対72％
2・28 2度目の米朝首脳会談、物別れに
3・1 高速道・盛岡南―花巻南、最高速度120キロ試行
3・2 大槌町旧役場庁舎の解体完了、更地に
3・6 ゴーン前日産会長を保釈、10億円納付
3・7 政府、ILC誘致表明に至らず
3・9 復興支援道路の釜石道が全通
3・10 小林陵選手、日本男子初のW杯ジャンプ総合V
3・13 英下院、「合意なきEU離脱」拒否
3・14 強制不妊手術、与野党が救済法案を決定
3・15 ニュージーランドで銃乱射、50人死亡
3・19 竹田JOC会長が退任表明
3・21 45歳イチロー外野手が現役引退
21 菊池雄星投手がメジャー初登板
3・23 JR山田線を移管、三陸鉄道リアス線開通
3・24 小林陵選手がW杯ジャンプ13勝目
4・1 新元号「令和」を発表
1 働き方改革関連法が施行
4・5 はやぶさ2、小惑星に金属弾
4・10 ブラックホール撮影成功、国際チームが会見
4・30 200年ぶり退位、「平成」終わる

平成30年 2018

1・16 遠野市出身の若竹千佐子さん芥川賞
1・23 群馬・草津白根山が噴火
2・9 韓国・平昌で冬季五輪開幕
2・28 東京五輪マスコット決定
3・3 東京・目黒で5歳児虐待死、父親を逮捕
3・12 森友学園への国有地売却、文書改ざん判明
4・24 セクハラ疑惑、財務次官が辞任
4・27 南北首脳、10年半ぶり会談
5・7 国民民主党を旗揚げ
5・19 是枝監督「万引き家族」、カンヌ映画祭最高賞
5・22 悪質タックルで日大アメフット部員会見
6・9 東海道新幹線に刃物男、1人死亡
6・12 初の米朝首脳会談、シンガポールで開催
6・13 改正民法成立、成人年齢18歳に引き下げ
6・18 大阪北部で震度6弱、ブロック塀倒れ小4死亡
7・2 日本、サッカーW杯8強逃す
7・6 オウム事件、松本死刑囚らの刑執行
7・7 西日本豪雨、死者220人超
7・23 埼玉・熊谷市で国内最高41・1度
8・15 不明2歳児、ボランティア尾畠さん見つける
9・6 北海道胆振地方で震度7、41人死亡
9・8 大坂なおみ選手、全米テニス女子単で優勝
9・16 歌手の安室奈美恵さん引退
9・25 貴乃花親方、日本相撲協会に退職届け出
10・1 ノーベル医学生理学賞に本庶佑氏
10・6 東京・築地市場、83年の歴史に幕
11・12 大谷選手、大リーグのア・リーグ新人王に
11・19 報酬過少申告か、日産ゴーン会長を逮捕
11・29 大船渡のスネカなどユネスコ無形遺産に
12・8 改正入管法成立、外国人労働者受け入れ拡大
12・14 普天間移設で辺野古に土砂投入
14 医学部の不適切入試、文科省が10校認定
12・21 将棋の羽生善治さん27年ぶり無冠

平成29年 2017

1・23 ＴＰＰ永久離脱、米大統領が署名
1・25 稀勢の里関が横綱昇進、日本出身19年ぶり
2・12 北朝鮮が弾道ミサイル発射
2・13 マレーシアで金正男氏を毒殺
2・14 東芝、原発事業損失７１２５億円
3・3 家庭用ゲーム機「ニンテンドースイッチ」発売
3・13 残業時間上限「月１００時間未満」で合意
3・27 栃木・那須で雪崩、高校生ら8人死亡
3・31 収賄容疑、韓国の朴前大統領を逮捕
4・10 フィギュア浅田真央選手が引退表明
4・14 千葉の小3殺害、保護者会長を逮捕
4・26 「東北で良かった」復興相が辞任
5・8 釜石市で大規模山林火災
5・17 加計学園新学部「総理の意向」文書
6・1 米大統領、温暖化防止のパリ協定離脱を表明
1 はがき郵便料金、52円から62円に
6・5 東名道あおり運転、夫婦ら4人死傷
6・9 退位特例法が成立
6・12 上野動物園でパンダの赤ちゃん誕生
6・15 改正組織犯罪処罰法が成立、テロ等準備罪新設
6・26 将棋の藤井聡太四段、公式戦29連勝
7・5 九州北部豪雨、41人死亡
7・7 国連で核禁止条約採択、日本は不参加
7・19 本県初、芥川賞に沼田真佑さん
7・21 横綱白鵬が歴代最多１０４８勝
7・28 ＰＫＯ日報隠ぺい問題、防衛相が辞任
9・9 陸上男子１００メートル、桐生祥秀選手9秒98
10・3 民進党分裂、枝野氏ら立憲民主党結成
10・5 カズオ・イシグロ氏、ノーベル文学賞
10・22 衆院選、立憲民主党が野党第1党に
10・31 神奈川・座間で切断9遺体
11・29 横綱日馬富士、暴行問題で引退
12・9 大谷選手、米エンゼルス入団会見

平成28年 2016

1・4 マイナンバー制度開始
1・15 軽井沢でスキーバス転落、15人死亡
1・29 日銀、初のマイナス金利導入を決定
2・4 ＴＰＰ参加12カ国が署名
3・26 北海道新幹線が開業
3・27 民主党と維新の党合流、民進党を結成
27 誘拐監禁の少女、2年ぶり保護
3・30 ミャンマーで文民政権発足
4・1 電力自由化スタート、民泊解禁
4・14 熊本で震度7、16日にM7・3「本震」
4・20 囲碁の井山裕太さん、史上初の7冠独占
4・25 東京五輪エンブレム決定
5・26 伊勢志摩サミット開幕
5・27 現職の米大統領初、オバマ氏が広島訪問
6・8 新元素命名案「ニホニウム」
6・19 改正公選法施行、18歳に選挙権
7・1 ダッカでテロ、日本人ら20人死亡
7・10 参院選、改憲勢力3分の2超す
7・22 「ポケモンＧＯ」配信開始
7・26 相模原市の障害者施設で19人刺殺
7・31 小池百合子氏、女性初の都知事に
8・5 リオデジャネイロ五輪開幕
8・8 陛下が「お気持ち」表明、退位に強い思い
8・30 台風10号、本県に上陸
9・3 中2藤井聡太さん、最年少で将棋プロ棋士に
10・3 大隅良典氏にノーベル医学生理学賞
10・7 電通社員の過労自殺、労災認定
10・13 ボブ・ディランさんノーベル文学賞
10・16 大谷投手、日本人最速１６５キロマーク
11・8 米大統領選、実業家のトランプ氏当選
12・21 高速増殖炉「もんじゅ」廃炉決定
12・22 新潟・糸魚川火災、１５０棟延焼
12・31 人気グループＳＭＡＰ解散

平成27年 2015

1・7 パリで銃乱射、12人死亡
1・23 横綱白鵬、単独最多33度目の優勝
2・3 サッカー日本代表監督のアギーレ氏解任
2・6 山田線宮古ー釜石、三陸鉄道移管で合意
2・27 川崎市の中1殺害、3少年を逮捕
3・2 ラグビーW杯日本大会、釜石市など12会場決定
3・14 北陸新幹線、金沢まで延伸開業
3・17 東洋ゴムのデータ改ざんで立ち入り調査
4・8 両陛下、戦没者慰霊でパラオ訪問。翌日は激戦地ペリリュー島へ
4・22 株価終値2万円台を回復、15年ぶり
22 首相官邸屋上にドローン
5・17 川崎市の簡易宿泊所火災、11人死亡
17 大阪都構想、住民投票で否決
5・29 鹿児島・口永良部島で噴火、火砕流も
6・15 漫画「ワンピース」発行3億冊、ギネス世界一
6・30 東海道新幹線の車内で焼身自殺
7・5 「明治日本の産業革命遺産」世界遺産に
7・17 新国立競技場、計画を見直し
8・11 川内原発1号機を再稼動、原発ゼロ終わる
8・14 戦後70年で安倍首相談話
9・1 東京五輪エンブレムを白紙撤回
9・10 豪雨で堤防決壊、宮城・茨城・栃木で計8人死亡
9・19 ラグビーW杯、日本が南アメリカ破る大金星
19 安保関連法が成立
10・1 スポーツ庁発足、初代長官に鈴木大地氏
10・5 ＴＰＰ交渉大筋合意、コメ輸入枠7万8千トン
5 ノーベル医学生理学賞に大村智氏
10・6 ノーベル物理学賞に梶田隆章氏
10・13 沖縄知事、辺野古埋め立て承認を取り消し
10・28 渋谷区、同性パートナー証明書の申請受け付け開始
11・13 パリで同時テロ、１３０人死亡
12・22 新国立競技場、隈研吾氏デザインに

平成26年 2014

1・1 滝沢市が誕生
1・15 瀬戸内海で海自艦衝突、釣り船の2人死亡
1・29 トヨタ、世界生産台数1000万台達成
2・7 ソチ五輪開幕
2・9 東京都知事選、舛添要一氏が当選
3・14 アニメ映画「アナと雪の女王」公開
3・16 横田めぐみさん両親、孫と初面会
3・27 袴田事件再審決定、48年ぶり釈放
3・31 「笑っていいとも!」32年間の放送終了
4・1 消費税率8%に
4・6 三陸鉄道が完全復旧
4・12 JR釜石線で「SL銀河」運行開始
4・16 韓国で大型客船セウォル号沈没、死者不明304人
5・25 滝沢市でAKB握手会、アイドルに切りつけ
6・1 松山英樹選手、米ゴルフツアー初優勝
6・3 2005年の栃木小1殺害、容疑者を逮捕
6・13 改正国民投票法が成立
6・24 脱法ハーブ吸引、車暴走
7・1 集団的自衛権行使容認を閣議決定
7・2 「STAP細胞」論文、英科学誌が正式撤回
7・19 大谷投手が162キロマーク
7・27 高1女子が同級生殺害、遺体切断
8・5 朝日新聞、過去の慰安婦記事を一部取り消し
8・20 広島豪雨、74人死亡
8・27 デング熱、約70年ぶり国内感染
9・8 錦織圭選手、全米テニス男子単で準優勝
9・18 スコットランド独立、住民投票で否決
9・27 御嶽山噴火、58人死亡5人不明
10・7 ノーベル物理学賞に赤崎勇、天野浩、中村修二の3氏
10・10 ノーベル平和賞に17歳マララさん
11・10 俳優の高倉健さん(83)死去
11・29 W杯ジャンプ男子、42歳葛西紀明選手が最年長勝利
12・14 衆院選、自公で3分の2確保

平成25年 2013

1・16 アルジェリア人質事件、日本人10人死亡
1・19 元横綱大鵬の納谷幸喜さん(72)死去
1・22 政府・日銀、物価上昇率2%決定
2・1 ニホンウナギを絶滅危惧種に指定
2・15 ロシアに隕石落下、衝撃波でけが人多数
2・17 W杯ジャンプ女子、16歳高梨沙羅選手が総合V
3・7 新しい津波警報の運用開始
3・17 WBC、日本は準決勝敗退
3・20 黒田日銀体制が発足
3・25 1票の格差、12年衆院選に無効判決
4・1 朝の連続テレビ小説「あまちゃん」放送開始
1 障害者総合支援法が施行、難病患者も支援
4・3 三陸鉄道南リアス線・盛―吉浜の運行再開
4・4 日銀、新たな量的緩和を決定
4・19 改正公選法が成立、ネット選挙運動解禁
5・23 茨城の加速器実験施設で放射性物質漏れ
23 80歳三浦雄一郎さん、エベレスト登頂
23 大谷翔平選手が「二刀流」デビュー
6・8 「奇跡の一本松」復元終える
6・21 いじめ防止対策推進法が成立
6・22 富士山が世界遺産に
7・21 参院選、自民圧勝でねじれ解消
8・12 高知・四万十市で最高気温41・0度
8・21 大リーグイチロー外野手、日米通算4000安打
8・23 超大型加速器の候補地に北上山地
9・7 2020年五輪開催地、東京に決定
10・4 バレンティン外野手、プロ野球最多60号本塁打
10・8 楽天の田中将大投手、開幕24連勝
10・16 台風26号、伊豆大島で死者不明39人
11・3 プロ野球日本シリーズ、東北楽天が初の日本一
12・4 ユネスコ無形遺産に「和食」、もち食文化も
12・6 特定秘密保護法が成立
12・26 安倍首相が靖国参拝

平成24年 2012

1・9 FIFA女子最優秀選手に澤穂希選手
2・10 復興庁が発足
2・18 天皇陛下が心臓バイパス手術
3・4 ロシア大統領選、プーチン氏が復帰当選
3・27 経営再建のシャープ、台湾企業と提携
3・30 証拠改ざん隠ぺい、元特捜部長らに有罪判決
4・12 軽ワゴン車暴走、7人死亡
4・17 日本の総人口25万9千人減
4・26 陸山会事件、小沢一郎氏に無罪判決
4・29 関越道でツアーバス事故、7人死亡
5・5 国内の全原発停止、42年ぶり
5・21 太平洋側で金環日食、県内でも観測
5・22 高さ634メートル、東京スカイツリー開業
5・26 盛岡市で「東北六魂祭」開幕
6・6 三笠宮家・寛仁さま(66)逝去
6・15 特別手配中のオウム真理教元幹部逮捕
6・27 東京電力の国有化決定
7・1 牛の生レバー提供・販売を禁止
7・11 九州北部豪雨、死者不明32人
7・27 ロンドン五輪開幕
8・10 韓国の李大統領、竹島に上陸
9・11 政府、尖閣3島を国有化
9・28 レスリング吉田沙保里選手、13大会連続世界一
10・1 JR東京駅の赤れんが駅舎復元
10・8 山中伸弥氏にノーベル医学生理学賞
11・10 俳優の森光子さん(92)死去
11・12 小沢氏、二審も無罪判決
11・15 中国共産党総書記に習近平氏
12・2 中央道笹子トンネル天井崩落、9人死亡
12・9 大谷翔平選手、日本ハム入り表明
12・16 衆院選で自民圧勝、政権に復帰
12・26 第2次安倍内閣発足
12・27 大リーグ松井秀喜外野手が引退表明

平成23年 2011

1・1 年越し寒波、県内1万4千戸停電
1・22 宮崎で鳥インフル発生
1・27 霧島山・新燃岳52年ぶり噴火
2・6 八百長問題で大相撲春場所中止発表
2・14 日本のGDP、中国に抜かれ世界3位に
2・22 ニュージーランド地震、県人含む日本人28人犠牲
3・5 東北新幹線E5系「はやぶさ」運転開始
3・11 三陸沖M9・0で大津波襲来（東日本大震災）
3・12 福島第1原発1号機で炉心溶融、爆発事故
12 九州新幹線が全通
3・14 東京電力が計画停電
4・1 上野動物園のパンダ一般公開
1 一関・猊鼻渓の舟下り再開
4・7 M7・1の最大余震、400万戸一時停電
4・12 福島の原発事故、チェルノブイリ級「レベル7」
4・18 登校の列にクレーン車、児童6人死亡
4・27 ユッケで食中毒、5人死亡
5・1 米、アルカイダのビンラディン指導者を殺害
6・16 プロ野球中日の岩瀬仁紀投手、日本新287セーブ
6・20 復興基本法が成立
6・25 「平泉」世界遺産登録決まる
7・5 放言で復興相辞任、後任に平野達男氏
7・17 W杯女子サッカー、日本が初制覇
7・24 地上波テレビのアナログ放送が終了
8・26 菅首相が退陣表明
9・2 野田内閣が発足
2 台風12号、紀伊半島に豪雨
10・5 米アップル創業スティーブ・ジョブズ氏（56）死去
10・20 リビアのカダフィ大佐殺害、独裁に幕
10・31 円相場、海外市場で1ドル75円台
11・27 知事からくら替え出馬、橋下徹氏が大阪市長当選
12・19 北朝鮮の金正日総書記（69）死去
12・31 逃亡17年、オウム真理教元幹部が出頭

平成22年 2010

1・1 日本年金機構が発足、社会保険庁は廃止
1・3 ペルーのフジモリ元大統領、禁固25年
1・19 日航破たん、更生法適用を申請
1・12 中米ハイチで大地震、死者22万人超
1・29 本県初の裁判員裁判で判決
2・4 横綱朝青龍、暴行問題で引退
2・11 財政危機のギリシャ支援でEU合意
2・12 バンクーバー五輪開幕
2・28 南米チリで大地震、本県にも津波到達
3・3 漫画「ワンピース」単行本、初版300万部
4・1 高校授業料が実質無料化
4・5 山崎直子さん宇宙へ、母親として日本人初
4・27 殺人罪の時効廃止法案が成立、即日施行
5・18 牛の口蹄疫、宮崎県が非常事態宣言
5・23 普天間移設先、鳩山首相が辺野古と明言
5・28 タブレット端末「iPad」発売
6・2 鳩山首相が退陣表明
6・8 菅内閣が発足
6・11 大相撲力士らの野球賭博発覚
6・13 探査機「はやぶさ」7年ぶり帰還
7・11 参院選で民主党大敗、与党が過半数割れ
9・7 尖閣諸島領海で中国漁船と海保巡視船衝突
9・10 厚労省元局長の村木厚子さん無罪判決
9・14 民主代表選、小沢氏敗れる
10・4 「小沢氏を起訴すべき」検審が2回目議決
10・6 ノーベル化学賞に鈴木章、根岸英一氏
10・13 チリ落盤事故、33人全員を救出
11・13 ミャンマーのスー・チー氏、7年半ぶり解放
11・15 横綱白鵬の連勝「63」で止まる
11・23 北朝鮮が砲撃、韓国の住民ら4人死亡
11・28 「ウィキリークス」が米の秘密公電25万点公開
12・4 東北新幹線が全線開業、新青森まで延伸
12・15 「絶滅」クニマス、70年ぶり生息確認

平成21年 2009

1・20 米大統領にオバマ氏就任
2・22 アカデミー賞外国語映画賞に「おくりびと」
短編アニメ賞に「つみきのいえ」
3・3 企業献金めぐり小沢氏秘書を逮捕
3・10 株価7054円、バブル後最安値
3・22 奥州出身の那須川瑞穂選手、東京マラソン女子制す
3・23 第2回WBC、日本が連覇
3・28 休日の高速道、上限1000円で乗り放題
4・2 センバツ甲子園、花巻東が準優勝
4・5 北朝鮮がミサイル発射、本県上空を通過
5 オバマ大統領「核なき世界」宣言
5・11 小沢氏、民主代表を辞任
5・9 新型インフル、国内感染を初確認
5・21 裁判員裁判制度スタート
5・25 北朝鮮が2度目の地下核実験
6・1 改正薬事法施行、コンビニでも薬販売
6・7 辻井伸行さん、国際ピアノコンクール優勝
6・23 足利事件の再審開始決定
6・25 米歌手マイケル・ジャクソンさん（50）死去
6・30 労働経済白書に「非正規労働者」
7・17 北海道・大雪山系で10人遭難死
7・19 鳩山氏、普天間代替地「最低でも県外」
8・30 衆院選で民主大勝、政権交代へ
9・1 消費者庁が発足
9・15 民主党幹事長に小沢氏
9・16 鳩山内閣発足
9・30 早池峰神楽がユネスコ無形遺産に
10・9 オバマ大統領にノーベル平和賞
10・15 囲碁の井山八段、最年少名人に
11・11 民主党の「事業仕分け」始まる
11・13 オバマ大統領が初来日
12・1 原爆症救済法が成立
12・6 18歳石川遼選手、10代初のゴルフ賞金王

平成20年 2008

1・24 元小結の栃乃花関が引退
24 コンピューターウイルス作成者を国内初逮捕
1・27 大阪府知事選、38歳橋下徹氏が当選
1・30 中国製冷凍ギョーザから殺虫成分
2・19 海自イージス艦が衝突、漁船の2人不明
19 キューバのカストロ議長、引退表明
3・20 世界フィギュア、浅田真央選手が初優勝
4・1 75歳以上対象の後期高齢者医療制度スタート
5・2 ミャンマーにサイクロン直撃、死者不明14万人
5・12 中国・四川省で大地震、死者6万人超す
5・21 宇宙基本法が成立、非軍事を転換
6・6 「アイヌは先住民族」衆参両院が決議
6・8 秋葉原で無差別殺人、7人死亡
6・14 岩手・宮城内陸地震、奥州衣川で震度6強
7・6 世界遺産、平泉は「登録延期」
6 北海道・洞爺湖サミット開幕
7・11 スマートフォン「iPhone」発売
7・24 沿岸北部震源、野田村で震度6弱
8・8 北京五輪が開幕
9・1 福田首相が退陣表明
9・8 民主代表戦、小沢氏3選
9・15 米証券大手リーマン・ブラザーズ破たん
世界同時株安（リーマン・ショック）
9・24 麻生内閣が発足
10・1 松下電器産業、パナソニックに社名変更
10・7 南部陽一郎、小林誠、益川敏英の3氏にノーベル物理学賞
下村脩氏にノーベル化学賞
10・22 一関で「宝くじ殺人」、容疑の男を逮捕
11・4 米大統領選、民主党オバマ氏が当選
11・18 元事務次官夫妻が殺害される
12・1 刑事裁判への被害者参加制度スタート
12・31 東京・日比谷に年越し派遣村開設

平成19年 2007

1・8 全国高校サッカー、盛岡商が初優勝
1・9 防衛庁から昇格、防衛省が発足
1・10 不二家、消費期限切れ牛乳の使用発覚
1・21 宮崎県知事に東国原英夫氏当選
2・18 第1回東京マラソン、約3万人参加
3・6 夕張市が財政再建団体に
3・18 仙人峠道路が開通
3・19 融資修正案を可決、岩手競馬の存続決まる
3・25 能登半島で震度6強
4・8 県知事選、42歳達増氏が初当選
4・17 長崎市長、暴力団幹部に銃撃される（翌日死亡）
4・24 43年ぶりに全国学力テスト実施
5・10 熊本の病院に「赤ちゃんポスト」
5・14 国民投票法案が成立
5・20 ゴルフツアーで15歳石川遼選手が優勝
5・28 カンヌ映画祭で河瀬監督作品が審査員特別大賞
7・16 新潟などで震度6強、柏崎刈羽原発が緊急停止
7・29 参院選、民主が第1党に
8・9 世界同時株安（サブプライム・ショック）
8・16 多治見市と熊谷市で最高気温40・9度
8・24 闇サイトで計画、女性を拉致殺害
8・27 総務相に前県知事の増田寛也氏
9・12 安倍首相退陣
9・17 大雨、県内各地で被害
9・19 飲酒運転の罰則強化、改正道交法施行
9・25 福田内閣が発足
10・1 緊急地震速報の運用スタート
1 日本郵政グループ発足
11・6 民主・小沢代表、辞意を撤回
11・21 iPS細胞作成に成功と京都大発表
21 将棋の羽生2冠、最年少1000勝
12・17 「ねんきん特別便」発送開始

平成18年 2006

1・13 「グレーゾーン金利」最高裁が無効判決
1・23 ライブドア社長、粉飾決算容疑で逮捕
2・10 トリノ五輪開幕
2・27 盛岡地方気象台「最も長く寒い冬」
3・20 王監督の日本、WBC初代王者に
3・31 偽メール問題、前原氏が民主代表辞任
4・7 民主代表に小沢一郎氏
5・1 日米、普天間飛行場移設など合意
6・1 出生率、過去最低1・25
6・2 65歳以上の人口、初の20％台
6・4 秋田の連続児童殺害、容疑の母親逮捕
6・5 インサイダー取引容疑、ファンド代表逮捕
7・3 サッカー中田英寿選手が引退表明
7・17 長野や九州南部などで豪雨災害
7・18 湯沸かし器事故、死者20人に
7・21 「平泉」の世界遺産推薦決定
8・15 「終戦の日」に小泉首相が靖国参拝
8・21 夏の甲子園決勝、早稲田実業が再試合制す
8・24 冥王星、太陽系惑星から格下げ
8・25 福岡中、全国中学野球で初優勝
25 飲酒運転の車追突、子ども3人犠牲（福岡市）
9・6 紀子さまご出産、41年ぶり皇室男児
9・26 安倍内閣が発足
10・9 北朝鮮が初の地下核実験
10・24 高校の未履修問題発覚
10・30 増田知事が引退表明
11・11 新型ゲーム機「プレイステーション3」発売
11・19 沖縄県知事に仲井真氏当選
11・22 景気拡大局面が戦後最長、いざなぎ景気超える
12・2 家庭用ゲーム機「Wii」発売
12・14 松坂大輔投手、米レッドソックスと契約
12・15 改正教育基本法が成立
12・30 フセイン元大統領の死刑執行

平成17年 2005

2・1 三宅島の避難4年半ぶり解除
2・8 ライブドア、ニッポン放送株主に
2・16 温暖化防止の「京都議定書」発効
2・17 中部国際空港が開港
2・22 冬季国体「岩手りんどう国体」が開幕
3・3 コクド前会長、証券取引法違反容疑で逮捕
3・20 玄界灘震源、福岡と佐賀で震度6弱
3・25 愛知万博が開幕
3・28 「避難準備情報」を新設
4・1 個人情報保護法が施行
4・25 ＪＲ福知山線脱線、１０７人死亡
5・6 プロ野球セ・パ交流戦スタート
6・1 中央省庁でクールビス始まる
6・21 県発注工事で県内91社に排除勧告
6・28 両陛下、サイパン島を慰霊訪問
7・7 ロンドンで同時テロ、50人以上死亡
7・15 アスベスト実態調査、３７４人死亡
8・8 郵政民営化法案否決、小泉首相が衆院解散
8・16 宮城県沖震源、震度6弱の地震
8・29 大型ハリケーン「カトリーナ」、米上陸
9・11 衆院選、自民が絶対安定多数
10・8 パキスタンで大地震、死者7万人超す
10・14 郵政民営化関連法案が成立
10・23 ディープインパクトが競馬クラシック3冠
10・31 障害者自立支援法が成立
11・15 紀宮さまご結婚
11・17 マンション耐震偽装発覚
11・27 ダイエー盛岡店が閉店
27 幕内返り咲きの栃乃花関に敢闘賞
12・25 山形のＪＲ羽越線で脱線、5人死亡

平成16年 2004

1・1 小泉首相が靖国参拝
1・12 国内79年ぶり鳥インフル発生
2・11 吉野家が牛丼販売休止
2・27 オウム事件、松本智津夫被告に死刑判決
3・3 九州新幹線が開業
3・24 タイヤ脱落、三菱ふそうがリコール
4・1 国立大が独立行政法人化
4・7 改正児童虐待防止法が成立
4・15 イラクの日本人人質3人、無事解放
5・7 年金未納問題、福田官房長官が辞任
5・10 皇太子さま発言、波紋呼ぶ
5・22 小泉首相が2度目の訪朝
22 カンヌ映画祭男優賞に14歳柳楽優弥さん
6・1 長崎・佐世保で小6が同級生殺害
7・11 参院選、民主が躍進
7・12 新潟で豪雨災害、死者14人
7・17 福井で豪雨災害
7・18 拉致被害の曽我ひとみさん一家来日
8・2 キトラ古墳の修復始まる
8・9 関電・美浜原発で蒸気漏れ、5人死亡
8・13 沖縄の米軍ヘリ、大学構内に墜落
アテネ五輪開幕
8・22 夏の甲子園、駒大苫小牧が北海道勢初V
9・11 12球団維持求めプロ野球選手会がストライキ
10・1 イチロー選手２５８安打、大リーグ新記録
10・23 新潟で震度6強3回（中越地震）、新幹線脱線
11・1 20年ぶり新札発行
11・2 プロ野球新球団「楽天イーグルス」承認
2 米大統領選、ブッシュ氏が再選
11・18 奈良で小1誘拐、遺体で発見
12・1 犯罪被害者基本法が成立
12・2 ニンテンドーＤＳ発売
12・26 Ｍ９・１、スマトラ沖地震で死者不明22万人超

平成15年 2003

1・10 北朝鮮、核拡散防止条約脱退を宣言
1・14 松井秀喜選手が米ヤンキース入団
1・20 横綱貴乃花、引退決める
1・29 モンゴル出身の朝青龍関が横綱昇進
1・31 完全失業率５・４％
2・1 スペースシャトル空中分解、乗員7人死亡
2・15 世界各地でイラク戦争反対デモ
3・20 イラク戦争開戦
3・23 「千と千尋の神隠し」米アカデミー賞
4・1 サラリーマン医療費、自己負担3割に
1 日本郵政公社が発足
4・9 米英軍がバグダッド制圧
4・13 県知事選、増田氏が3選
県議選盛岡選挙区でサスケ氏トップ当選
4・16 ＷＨＯ、新型肺炎は新種ウイルスと断定
4・28 株価７６０７円、バブル後最安値
5・1 健康増進法施行、受動喫煙防止定める
5・9 小惑星探査機はやぶさ打ち上げ
5・26 宮城県沖震源、本県や宮城で震度6弱
6・6 有事関連法が成立
7・24 自殺者5年連続3万人
7・26 イラク特措法が成立
8・7 県境産廃撤去始まる
8・9 盛岡市・前潟地区にイオンSCオープン
9・14 田村亮子選手、世界柔道6連覇
9・15 プロ野球阪神18年ぶり優勝
9・24 新「民主党」が発足
9・26 十勝沖地震で震度6弱
11・9 衆院選、民主が躍進
11・29 イラク外交官2人殺害される
12・1 東京などで地上デジタル放送開始
12・13 フセイン元イラク大統領を拘束
12・26 空自先遣隊がクウェート、カタールへ

平成14年 2002

1・1 欧州単一通貨「ユーロ」流通開始
1・21 キトラ古墳に獣頭人身像
1・23 雪印食品が輸入牛肉偽装
1・29 米大統領、一般教書演説に「悪の枢軸」
2・8 ソルトレーク五輪開幕
2・17 「千と千尋の神隠し」ベルリン映画祭金熊賞
4・1 ペイオフ解禁
4・6 学校週5日制、土曜完全休みに
4・18 成田空港の新滑走路オープン
4・22 首相官邸73年ぶり建て替え、披露式典
5・3 朝日新聞支局襲撃事件が時効
5・8 中国・瀋陽の日本領事館に脱北一家
5・28 日本経団連が発足
5・31 サッカーW杯日韓大会が開幕
6・13 落語家の柳家小さんさん（87）死去
6・14 小笠原満男選手がW杯チュニジア戦出場
6・19 あっせん収賄容疑、鈴木宗男議員逮捕
7・11 台風6号が猛威
7・22 サッカー日本代表監督にジーコ氏
7・31 将棋の谷川浩九段、最年少1000勝
8・5 住民基本台帳制度スタート
8・7 多摩川に「タマちゃん」現れる
8・29 東京電力が原発トラブル隠し
9・17 小泉首相が訪朝
9・30 小泉改造内閣、環境相に鈴木俊一氏
10・8 小柴昌俊氏にノーベル物理学賞
10・9 田中耕一氏にノーベル化学賞
10・15 拉致被害者5人が帰国
11・21 高円宮さま（47）急逝
12・1 東北新幹線盛岡ー八戸間が開業
いわて銀河鉄道が開業
12・16 インド洋へ海自イージス艦出航

平成13年 2001

1・6 中央省庁再編、1府12省庁体制に
1・16 KSD汚職、小山議員逮捕
1・20 ブッシュ氏、米大統領に就任
1・26 新大久保駅で救助事故
1・31 日航機同士がニアミス
2・10 米原潜と「えひめ丸」衝突、実習生9人死亡
2・20 長野県知事が「脱ダム宣言」
3・19 日銀、初の量的緩和
3・31 銀行への公的資金注入終了
4・3 キトラ古墳で「朱雀」の壁画
4・4 野茂投手、2度目の無安打無得点
4・26 小泉内閣発足、女性5人入閣
5・19 三重で空中衝突、6人死亡
19 国内初の代理出産明らかに
6・6 クローン規制法施行
6・8 大阪・池田小に刃物男、児童8人死亡
7・21 明石の歩道橋で将棋倒し、9人死亡
7・29 参院選、小泉人気で自民大勝
8・13 小泉首相が靖国参拝
8・29 国産ロケットH2A1号機打ち上げ成功
9・1 歌舞伎町ビル火災、44人死亡
9・10 国内初のBSE疑い
9・12 株価1万円割れ
10・6 県立美術館オープン
10・8 米英がアフガニスタン空爆開始
10・10 野依良治氏にノーベル化学賞
10・13 DV防止法施行
10・29 テロ特措法成立
11・12 日航とJASが経営統合
11・13 「千と千尋の神隠し」興行収入が日本最高
11・15 新大船渡市が発足
12・1 雅子さま女児ご出産
12・22 東シナ海で不審船を射撃、沈没

平成12年 2000

1・28 新潟で少女監禁、9年ぶり保護
2・6 全国初の女性知事、大阪に誕生
3・8 地下鉄日比谷線で脱線事故
3・31 北海道・有珠山が噴火
4・1 介護保険制度スタート
5・3 17歳少年がバスジャック、女性客を殺害
5・7 ロシア大統領にプーチン氏
5・12 犯罪被害者保護法が成立
5・14 小渕前首相（62）死去
6・1 大規模小売店舗立地法が施行
6・16 皇太后さま逝去
6・25 衆院選、与党が過半数確保
6・29 雪印乳業の低脂肪乳で集団食中毒
7・1 金融庁が発足
7・8 三宅島が噴火
8 台風3号で野田村など大雨被害
7・18 三菱自の欠陥隠ぺい発覚
7・19 二千円札を発行
7・21 九州・沖縄サミット開幕
8・1 新五百円硬貨を発行
9・15 シドニー五輪開幕
10・1 マリナーズ佐々木主浩投手が新人記録37セーブ
10・6 鳥取県西部で震度6強
10・9 花巻市民マラソンにシドニー「金」高橋尚子選手
10・10 白川英樹氏にノーベル化学賞
10・15 長野県知事に作家・田中康夫氏
11・5 石器発掘ねつ造が発覚
11・17 「平泉」が世界遺産候補の暫定リスト入り
11・19 イチロー選手、大リーグ移籍決まる
11・24 ストーカー規制法施行
11・28 改正少年法が成立
28 二戸市で集団登校の列に車突っ込む
12・31 世田谷一家殺害が発覚

平成11年 1999

1・1 EU11カ国、単一通貨ユーロ導入

1・14 自民党と自由党の連立政権発足

1・20 山田町の新生丸遭難

1・21 釜石市に米軍F16戦闘機墜落

1・29 地域振興券の交付始まる

1・31 プロレスラーのジャイアント馬場さん（61）死去

2・12 日銀が追加金融緩和策決定、「ゼロ金利」認める

2・22 NTTドコモの「iモード」スタート

2・27 臓器移植法に基づく初の脳死判定

3・24 NATO軍がユーゴスラビア・コソボ自治州空爆

3・27 日産とルノー、資本提携に合意

4・4 沖縄県勢初、沖縄尚学がセンバツ甲子園優勝

4・11 東京都知事に石原慎太郎氏当選

4・14 山口県光市で母子殺害事件

5・24 新ガイドライン関連3法が成立

5・26 武蔵丸関、外国出身2人目の横綱昇進

6・15 男女共同参画社会基本法が成立

7・12 ダイオキシン対策法成立

7・23 全日空機ハイジャック、機長刺され死亡

8・1 岩手インターハイ開幕

8・9 国旗国家法が成立

8・10 遺伝子組み換え食品の表示義務化

8・12 組織犯罪対策関連法が成立

8・14 川が増水、キャンプの13人死亡

9・3 雫石町の玄武洞が崩落

9・8 東京・池袋で通り魔事件

9・9 神奈川県警の不祥事発覚

9・30 東海村で国内初の臨界事故

10・5 自自公連立政権スタート

10・27 県北大雨、軽米町など被害深刻

12・21 校庭で小2殺害される

12・31 2000年問題、列島中が警戒

平成10年 1998

1・9 「卑弥呼の鏡」三角縁神獣鏡、奈良で出土

1・24 冬季完全国体「いわて銀河国体」が開幕

1・26 接待汚職、大蔵省職員を逮捕

2・2 郵便番号が7桁に

2・7 長野五輪が開幕

2・17 ジャンプ団体、日本が「金」

4・5 明石海峡大橋が開通

4・27 4党派合流、新「民主党」が誕生

4・29 岩手山、初の「臨時火山情報」

5・11 インド、24年ぶり核実験

5・27 若乃花関が昇進、史上初の兄弟横綱

5・29 完全失業率、初の4％台

6・2 三浦和良選手、W杯メンバー外れる

6・5 拉致不明10人、北朝鮮「捜し出せず」

7・4 火星探査機「のぞみ」打ち上げ

7・5 初のクローン牛、双子で誕生

7・12 参院選で自民惨敗、橋本首相辞任へ

7・25 和歌山で毒カレー事件、4人死亡

7・25 Windows98発売

7・30 小渕内閣が発足

8・14 東北・北陸の梅雨明け宣言なし

8・17 クリントン米大統領、不倫疑惑認める

8・31 北朝鮮が「テポドン」発射

9・3 雫石町で震度6弱

9・6 映画監督の黒澤明さん（88）死去

10・2 青森・六ケ所村に使用済み核燃料搬入

10・23 破たんの日本長期信用銀を国有化

10・26 プロ野球横浜ベイスターズが日本一

11・15 沖縄知事に保守・稲嶺氏が当選

11・18 増田知事、奥産道工事中止を発表

12・1 特定非営利活動促進法（NPO法）施行

12・13 破たんの日本債権信用銀を国有化

12・15 金融再生委員会が発足

平成9年 1997

1・2 島根県沖でロシア「ナホトカ号」の重油流出

2・19 中国の最高実力者、鄧小平氏（92）死去

3・11 動燃再処理工場で爆発、作業員37人被ばく

3・22 秋田新幹線が開業

3・30 福岡・三井三池炭鉱が閉山

4・1 消費税5％に引き上げ

4・14 諫早湾国営干拓事業の水門閉め切る

4・15 動燃「ふげん」でナトリウム漏れ発覚

4・17 米軍用地特措法改正が成立

4・22 ペルー日本大使公邸に突入、武力解決

5・18 今村昌平監督「うなぎ」、カンヌ映画祭最高賞

5・30 総会屋に利益供与、野村証券元社長を逮捕

6・17 臓器移植法が成立

6・28 神戸の連続児童殺傷、14歳男子中学生を逮捕

7・1 香港、1世紀半ぶり中国返還

7・12 宮崎駿監督「もののけ姫」公開

7・15 「たまごっち」発売8カ月で1千万台突破

8・1 連続射殺の永山則夫死刑囚の刑執行

1 東和町、自主減反を断念

8・31 ダイアナ元妃（36）が事故死

9・6 北野武監督「HANA-BI」、ベネチア映画祭グランプリ

9・23 日米防衛協力の新ガイドライン合意

10・1 長野新幹線が開業

10・8 金正日氏、労働党総書記に就任

11・3 証券で戦後初、三洋証券が破たん

11・16 サッカー日本、W杯初出場決める

11・17 都銀初、北海道拓殖銀が破たん

17 エジプトでテロ、日本人観光客ら死亡

11・24 山一証券が自主廃業、負債3兆円規模

11・25 盛岡駅西口に「マリオス」開業

12・11 温暖化ガス削減へ京都議定書を採択

平成8年 1996

1・1 大手スーパーが元日初売り
1・5 村山首相が退陣表明
1・11 橋本連立内閣が発足、2年半ぶり自民党首相
1・19 社会党、「社会民主党」に名称変更
2・10 北海道・豊浜トンネル崩落、バス乗客ら20人死亡
2・12 国民的作家、司馬遼太郎さん（72）死去
2・14 将棋の羽生善治さん、史上初の7冠独占
2・16 薬害エイズ、国の責任認め菅厚相が謝罪
3・25 百武彗星が大接近
4・1 らい予防法を廃止。患者の強制隔離に幕
4・1 検索サイト「Yahoo!JAPAN」スタート
4・6 新盛岡競馬場「オーロパーク」開業
4・12 普天間飛行場返還で日米合意
4・24 オウム松本被告の初公判
4・28 伊達公子選手、女王グラフ選手に勝利
5・4 15歳未満の子ども、2000万人割る
5・22 水俣病被害者団体、チッソと和解
6・13 福岡空港でガルーダ機炎上、3人死亡
7・6 出生数、過去最低118万人
7・13 大阪・堺の小学校で0157集団食中毒
7・19 近代五輪100周年のアトランタ五輪開幕
7・21 日本サッカー、ブラジル破る（マイアミの奇跡）
8・4 「男はつらいよ」渥美清さん（68）死去
8・28 最高裁、米軍用地強制使用に合憲判決
9・8 沖縄県民投票、地位協定見直し賛成9割
8 有森裕子選手、大野マラソンで沿道魅了
9・17 野茂英雄投手ノーヒットノーラン
9・28 民主党結成、代表に鳩山由紀夫、菅直人氏
10・20 初の小選挙区比例代表並立制で衆院選
11・12 新日鉄釜石の第一高炉解体
12・13 秋田新幹線レール締結式
12・17 ペルーの日本大使公邸をゲリラが占拠

平成7年 1995

1・17 近畿でM7・2直下型地震
1・20 阪神淡路大震災は震度7（死者6434人）
2・13 野茂英雄投手、米ドジャース入団
2・22 ロッキード事件、最高裁が5億円贈賄認定
3・20 東京の地下鉄車内に猛毒サリン、13人死亡
3・22 警視庁、オウム真理教の施設を強制捜査
3・30 国松警察庁長官、狙撃され重傷
4・9 県知事選、増田寛也氏が初当選
9 東京と大阪で無党派知事が誕生
4・19 円相場、初の1ドル79円台
4・23 オウム真理教の村井幹部、刺殺される
5・15 地方分権推進法が成立
5・16 オウム教祖の麻原彰光（本名・松本智津夫）ら逮捕
6・6 伊達公子選手、全仏テニスで日本女子初ベスト4
6・21 365人乗り全日空機ハイジャック
7・3 松岡修造選手、全英テニスで日本人62年ぶり8強
7・20 初の政党助成交付金
7・23 参院選、村山連立内閣に厳しい審判
7・30 東京・八王子のスーパーで高校生ら3人射殺
8・1 国内初の遺伝子治療
8・15 戦後50年、村山首相が談話
8・16 ケニアで400万年前の猿人化石公開
9・4 沖縄で米兵3人が女児暴行
9・6 坂本弁護士の遺体見つかる
9・26 大和銀ニューヨーク支店、11億ドルの巨額損失
11・4 イスラエルのラビン首相暗殺
11・9 野茂投手、大リーグ新人王に
11・23 「Windows95」発売
11・26 初の兄弟優勝決定戦、若乃花関に軍配
12・6 旧2信組の乱脈融資、山口元労相を逮捕
12・8 高速増殖炉「もんじゅ」でナトリウム漏れ
12・14 ボスニア紛争、和平協定に調印
12・16 新進党代表選に小沢一郎氏出馬

平成6年 1994

1・29 政治改革4法成立、衆院は小選挙区比例並立制に
2・3 細川首相が国民福祉税構想
2・4 国産ロケットH2打ち上げ成功
2・22 三陸鉄道で脱線事故
3・11 ゼネコン汚職、中村前建設相を逮捕
4・7 ルワンダで内戦勃発
4・8 1億円借入金問題で細川首相が退陣表明
4・10 ボスニア紛争、NATO軍が空爆
4・26 名古屋で中華航空機事故、264人死亡
4・28 羽田内閣が発足
5・1 F1のアイルトン・セナさん、レースで事故死
5・18 久慈地下石油備蓄基地が完成
6・21 NY外為、戦後初の1ドル99円台
6・22 製造物責任（PL）法が成立
6・27 松本サリン事件、7人死亡
6・30 自民、社会、さきがけの村山連立内閣発足
7・8 北朝鮮の金日成主席（82）死去
8 向井千秋さん、日本女性初の宇宙へ
7・17 青森・三内丸山遺跡から4500年前の巨大木柱
8・28 初の気象予報士試験
9・4 関西国際空港が開港
9・6 盛岡の通算真夏日、過去最多48日
9・12 工藤巌知事が引退会見
9・20 イチロー選手、プロ野球初のシーズン200安打
10・4 北海道東方沖M8・1の地震
10・13 作家の大江健三郎氏にノーベル文学賞
11・6 競馬ナリタブライアン3冠
11・23 貴乃花関が横綱昇進、「不惜身命を貫く」
12・7 JR滝沢駅構内で脱線事故
12・10 9党派で「新進党」結成
12・11 ロシア軍、内戦状態のチェチェン共和国に進攻
12・28 三陸はるか沖地震

平成5年 1993

1・15 M7・5の釧路沖地震発生

1・27 曙関、外国人初の横綱昇進

1・30 作曲家の服部良一さん（85）死去

2・3 世界アルペン盛岡・雫石大会開幕

3・6 金丸信氏を脱税容疑で逮捕

3・19 釜石鉱山が終掘

4・8 カンボジアで国連ボランティア中田厚仁さん射殺

4・18 花巻空港で着陸失敗、炎上

4・23 両陛下が沖縄を初訪問

5・4 カンボジアPKO文民警察官の高田晴行さん、襲撃され死亡

5・15 プロサッカーJリーグ開幕

6・9 皇太子さま、小和田雅子さまご結婚

6・15 滝沢の病院で五つ子誕生

6・18 内閣不信任案を可決、衆院解散

6・23 小沢一郎氏ら「新生党」旗揚げ

6・29 ゼネコン汚職、仙台市長を逮捕

7・12 北海道南西沖地震、奥尻島で死者不明230人

7・13 皇太子ご夫妻が来県

7・18 衆院選で自民敗北、55年体制崩れる

8・5 宮沢内閣が総辞職

8・6 土井たか子氏、女性初の衆院議長に

8・9 細川連立内閣が発足

9・13 イスラエルとPLO、暫定自治宣言に調印

9・30 釜石信金が解散

10・8 国民文化祭開幕、皇太子ご夫妻来県

10・15 本県コメ作況指数、戦後最悪の「33」

10・28 日本、サッカーW杯出場を逃す（ドーハの悲劇）

11・1 欧州連合条約が発効、単一通貨実現へ

11・11 外国産米の緊急輸入発表

11・26 平泉・柳之御所の保存決まる

12・14 コメ部分開放受け入れ決定

12・16 田中角栄元首相（75）死去

平成4年 1992

1・1 地価税施行

1・16 宮沢首相が訪韓、慰安婦を公式謝罪

16 直木賞に高橋克彦氏「緋い記憶」

1・22 「脳死は人の死」臨調が答申

1・26 19歳5カ月、貴花田関が最年少優勝

2・14 東京佐川事件、前社長ら逮捕

2・18 アルベールビル五輪、ノルディック複合団体で日本「金」

2・26 雫石でW杯アルペン開幕

3・1 暴力団対策法が施行

3・13 秋田新幹線が着工

3・27 公示地価17年ぶり下落

4・1 育児休業法が施行

4・25 歌手の尾崎豊さん（26）死去

5・2 国家公務員の完全週休2日制スタート

5・22 細川護熙・前熊本知事が「日本新党」結成

5・27 漫画家の長谷川町子さん（72）死去

6・15 PKO協力法が成立

7・1 山形新幹線が開業

7・4 「三陸・海の博覧会」開幕

7・20 証券監視委員会が発足

7・26 参院選、自民党が勝利

7・27 バルセロナ五輪で14歳岩崎恭子選手が平泳ぎ「金」

8・1 有森裕子選手が女子マラソン「銀」

8・27 金丸信氏、東京佐川急便から5億円献金認める

9・12 学校週5日制スタート

12 毛利衛さん、「エンデバー」で宇宙へ

9・28 金丸氏を略式起訴、罰金20万円

10・17 米留学の高校生、射殺される

10・23 両陛下が初の訪中

11・3 米大統領選、民主党クリントン氏が当選

11・26 佐川事件、竹下元首相を証人喚問

12・1 気圧の単位、ミリバールからヘクトパスカルに変更

平成3年 1991

1・10 岩手靖国訴訟、仙台高裁が違憲判決

1・17 多国籍軍、バグダッドに空爆（湾岸戦争）

1・24 政府、多国籍軍に90億ドル支援

2・9 関電・美浜原発で国内初の緊急冷却装置作動

2・27 湾岸戦争、ブッシュ大統領が勝利宣言

4・1 新都庁が開庁

1 牛肉とオレンジの輸入自由化スタート

4・7 工藤巌氏が知事選初当選

4・8 小沢一郎氏、自民党幹事長を辞任

4・26 自衛隊の掃海艇、ペルシャ湾に派遣

5・14 信楽高原鉄道で列車衝突、42人死亡

5・14 横綱千代の富士が引退

6・3 雲仙普賢岳で大火砕流、死者不明43人

6・9 フィリピンのピナトゥボ山600年ぶり大噴火

6・15 98年冬季五輪開催地に長野市決定

6・17 南アフリカでアパルトヘイト終結宣言

6・20 東北新幹線、東京駅乗り入れ

6・21 土井たか子氏、社会党委員長を辞任

6・25 クロアチアとスロベニアが独立宣言

6・28 ソ連と東欧の経済相互援助会議（コメコン）解散

8・5 「ホンダ」創業者の本田宗一郎氏（84）死去

8・19 ソ連保守派がクーデター、ゴルバチョフ大統領が失脚

8・24 政権復帰のゴ大統領、ソ連共産党解散を勧告

9・4 東北新幹線盛岡以北が着工

9・17 南北朝鮮、バルト3国が国連加盟

9・24 「いざなぎ景気」超える好景気と発表

9・27 台風19号猛威、全国で死者不明40人超

9・30 政治改革関連法案の廃案決定

10・5 海部首相が退陣正式表明

10・31 118号事件、手配の元県警刑事を逮捕

11・5 宮沢内閣発足

12・26 ソ連最高会議、ソ連消滅を宣言

26 脳死臨調、臓器移植を容認

平成2年 1990

1・13 大学入試センター試験始まる

1・18 本島長崎市長を右翼が狙撃

1・28 もりおかスケート国体開幕

2・11 南アの黒人解放運動家マンデラ氏を釈放

2・14 ローリング・ストーンズ日本初公演

2・18 衆院選で社会党が躍進

2・28 ポール・マッカートニーさん来日

3・11 リトアニア、ソ連から独立宣言

3・13 ソ連が共産党独裁放棄、大統領にゴルバチョフ氏

3・18 盛岡市に県営武道館完成

3・26 夕張炭鉱が閉山

4・5 日米構造協議、中間報告まとまる

6・1 米ソ首脳、戦略核兵器削減に合意

6・10 ペルー大統領選、日系2世フジモリ氏当選

6・18 スパイクタイヤ粉じん防止法成立

6・28 日米構造協議決着、430兆円の公共投資

6・29 礼宮さまと川嶋紀子さんご結婚

6・30 中村直知事が引退表明

7・5 18歳諏訪内晶子さん、チャイコフスキー国際コンクール・バイオリン部門優勝

7・6 神戸の高校で校門門扉に挟まれ生徒死亡

7・24 麻生一関－一関商工、延長18回で決着つかず

8・2 イラクがクウェート侵攻

10・1 株価2万円割れ、バブル経済崩壊

10・3 東西ドイツ統一

10・15 ノーベル平和賞にソ連ゴルバチョフ大統領

10・26 野茂英雄投手、パMVPや新人王など8冠

11・12 即位の礼

11・18 沖縄知事選、革新・大田氏が当選

11・22 英サッチャー首相が辞任表明

22 62年ぶり大嘗祭《だいじょうさい》、現行憲法下で初

12・2 TBS記者秋山豊寛さん、日本人初の宇宙飛行

12・23 オグリキャップ、引退レースの有馬記念制す

平成元年 1989

1・7 昭和天皇崩御

1・20 米大統領にブッシュ氏就任

2・10 日の丸・君が代を義務付ける学習指導要領改定案

2・15 ソ連駐留軍、アフガニスタン撤退完了

2・24 大喪の礼

2・9 漫画家の手塚治虫さん（61）死去

2・13 リクルート事件、前会長ら逮捕

3・25 新日鉄釜石の第一高炉休止

3・30 足立区の女子高生監禁殺害で少年ら逮捕

4・1 消費税導入、3％でスタート

4・22 盛岡市動物公園オープン

4・27 松下電器創業者の松下幸之助さん（94）死去

6・1 NHKの衛星放送スタート

6・2 宇野内閣発足

6・3 中国で民主化デモ武力制圧（天安門事件）

6・24 国民的歌手の美空ひばりさん（52）死去

7・23 参院選で自民惨敗、与野党逆転

7・24 宇野首相が退陣

8・9 海部内閣が発足

8・10 東京、埼玉の連続幼女誘拐殺人、犯行を自供

9・7 東北道八戸線が全線開通

9・27 ソニー、米映画大手コロンビア買収で合意

10・14 田中角栄元首相が引退表明

10・28 鈴木善幸元首相が引退表明

10・29 巨人8年ぶり日本一、近鉄に3連敗から4連勝

10・31 三菱地所、米ロックフェラービル買収

11・9 ドイツ・ベルリンの壁崩壊

11・15 坂本弁護士一家失踪で公開捜査

11・21 労働界再編、「連合」が発足

11・25 盛岡市アイスアリーナがオープン

12・2 米ソ首脳、東西冷戦終結を確認（マルタ会談）

12・29 株価終値、史上最高値3万8915円

昭和63
1988

岩手日報 昭和63年(1988年)6月12日(日曜日) 第1829

1993年世界アルペン
「盛岡・雫石」に決定
FIS総会 投票で過半数
アジア初の開催
感激の「万歳」
「国土」がホテル建設 知事語る

Welcome FIS Delegures to
MORIOKA・SHIZUKUISHI Jap
didate for the Alpine Ski World Championships

6月12日朝刊1面

1. アジア初の世界アルペン開催決定
2. 水稲6年ぶり不作、作況指数「87」
3. 大学移転用地めぐる贈収賄で4人逮捕
4. 安代町で本県初のスキー国体
5. 集中豪雨、貨物列車が脱線も
6. 妻を殺害、遺棄容疑で夫逮捕
7. 98年冬季五輪、盛岡招致ならず
8. RMC疑惑、県出納長が辞任
9. 川井村に米軍三沢基地のF16墜落
10. 議長選で贈収賄、室根村議7人逮捕

11. 整備新幹線、盛岡－青森は第3順位
12. サントリー社長が東北べっ視発言
13. 天皇陛下ご容体悪化、自粛ムード
14. ソウル五輪、本県から5選手出場
15. 全日本女子柔道、阿部由記子選手が初V
16. 都南4万人台、人口日本一の村に
17. 盛岡－東京間の高速バス運行
18. 矢巾町に不来方高開校
19. 新日鉄釜石野球部が休部
20. 水沢の緯度観測所、国立天文台に

【国内】

1. リクルート疑惑、宮沢蔵相ら辞任
2. 天皇陛下ご重体
3. 税制改革法案が成立、消費税導入へ
4. 海自潜水艦と釣り船衝突、30人死亡
5. 青函トンネルと瀬戸大橋が開通
6. 牛肉とオレンジの自由化決定
7. 藤ノ木古墳の石棺1400年ぶり開く
8. 上海列車事故、日本の修学旅行生ら27人死亡
9. 内需中心に好景気続く
10. 1ドル120円、円相場が戦後最高値

【国際】

1. イラン・イラク戦争、国連調停で停戦
2. 米ソ首脳が相互訪問
3. 米大統領選、共和党のブッシュ氏当選
4. ソ連軍、アフガニスタン撤退開始
5. 韓国史上初、平和的に政権交代
6. ソウル五輪、東西両陣営そろって参加
7. アルメニアで大地震、死者5万5千人
8. ソ連、兵力50万人削減打ち出す
9. 中国外相が訪ソ、関係正常化へ
10. パレスチナ独立国家樹立を宣言

【墓碑銘】三木武夫(元首相)、土光敏夫(経団連名誉会長)、草野心平(詩人)、中村汀女(俳人)、宇野重吉(俳優、演出家)、荻昌弘(映画評論家)、東八郎(コメディアン)、太田俊穂(盛岡市出身、IBC岩手放送会長)、山口青邨(盛岡市出身、俳人)、ギル・エバンス(ジャズピアノ、編曲家)、チェット・ベイカー(ジャズトランペット)

昭和62
1987

❶「反売上税」小川氏が参院補選圧勝
❷県内水稲、初の4年連続豊作
❸JR発足、盛鉄局は盛岡支店に
❹県知事選、中村氏が3選果たす
❺釜石の高炉、次年度で休止
❻世界アルペン候補地に「盛岡・雫石」
❼夏の甲子園、県勢10年ぶり勝利
❽県立中央病院と盛岡赤十字が移転
❾冬季五輪盛岡招致への動き加速
❿北東北横断道ルートは「花巻北部」

⑪大雨、県南中心に被害
⑫葛根田ブナ原生林、伐採縮小
⑬安代スキーインターハイ
竹鼻建選手アルペン2冠
⑭山田の漁船とソ連船衝突、3人死亡
⑮釜石市で山林火災
⑯南ア機がインド洋墜落、県人2人犠牲
⑰父親が2歳の娘を殺害、遺棄
⑱天台寺住職に瀬戸内寂聴さん
⑲直木賞に水沢出身・常盤新平さん
⑳元西根町長の自宅に盗聴器

岩手日報
号外
自民新総裁に竹下氏
中曽根首相の裁定で決着
安倍幹事長、宮沢副総理
人事の骨格固まる
調整型リーダーの典型
初の県議出身
寝業師の評も
地価、税制、日米関係
3課題、優先的に
四全総推進に期待
首相、威儀正し裁定文

10月20日号外

【国内】

❶「中曽根裁定」で竹下政権発足
❷天皇陛下が手術、初の長期ご療養
❸地価が高騰、1年で3倍も
❹国鉄を分割・民営化。日航も民営に
❺株価、史上最大の下落
❻円高ドル安さらに進行
❼売上税廃案、マル優は廃止に
❽東芝子会社がココム違反、米国で不買運動
❾朝日新聞阪神支局を襲撃、小尻記者が死亡
❿利根川教授にノーベル医学生理学賞

【国際】

❶米ソ、中距離核（INF）廃棄条約に調印
❷NY株式、史上最大の暴落（ブラックマンデー）
❸韓国大統領に盧泰愚氏が当選
❹大韓航空機爆破、北工作員の金賢姫逮捕
❺イラン・イラク戦争8年目、ペルシャ湾危機高まる
❻ソ連国内、ペレストロイカ（改革）進む
❼鄧小平氏勇退、中国指導部が大幅若返り
❽米国が財政赤字削減案
❾超電導体を発見、全世界が沸く
❿東ドイツ元首、西ドイツを初訪問

【墓碑銘】 岸信介（元首相）、高松宮宣仁親王、平沢貞通（帝銀事件死刑囚）、鶴田浩二（俳優、歌手）、石原裕次郎（俳優）、梶原一騎（劇画作家）、深沢七郎（作家）、岩動道行（紫波町出身、元科技庁長官）、フレッド・アステア（俳優、ダンサー）

昭和61

1986

米宇宙連絡船が爆発
岩手日報
号外
乗員七人、全員絶望
きょう未明 打ち上げ直後に
詳報は夕刊で
一般公募第1号の女教師も乗り込む

1月29日号外

1. 衆参同日選、岩手も自民が圧勝
2. 県内水稲が3年連続の豊作
3. 都南村の団地に中核派アジト
4. 東北自動車道、一戸－八戸間が開通
5. アジア大会で県人２選手が「金」
6. 久慈に国家石油備蓄基地決まる
7. 花巻の新興製作所が更生法申請
8. 中高生のいじめ自殺相次ぐ
9. 県が機構改革、12地方振興局発足
10. 円高のあおり、合理化や倒産続出

---

11. 奥州藤原氏没後８００年で特別大祭
12. 釜石ラグビーの連覇途絶える
13. 冬季五輪盛岡招致委が発足
14. ８月の大雨被害１４５億円
15. 保険金かけ出稼ぎ男性を殺害
16. 盛岡手づくり村オープン
17. 胆沢城跡から府庁厨家の遺構
18. 東京の中２、いじめ苦に盛岡で自殺
19. 横断道「紫波ルート」を県が選択
20. 家畜にアカバネ病が多発

【国内】

1. 衆参同日選、自民が歴史的圧勝
2. 伊豆大島209年ぶりに大噴火
3. 国鉄の分割・民営化決まる
4. 円が戦後最高値、1ドル152円
5. 36年ぶり税制改革へ基本方針
6. 社会党委員長に土井たか子氏
7. 東京で3億3千万円強奪事件
8. 首相と文相発言、米韓が反発
9. タイ機で手投げ弾爆発、緊急着陸
10. 7年ぶり東京サミット開催

【国際】

1. チェルノブイリ原発事故、31人死亡
2. 米スペースシャトル「チャレンジャー」爆発
3. マルコス独裁崩壊、フィリピン民主化へ
4. 米ソ首脳会談が物別れ
5. 米政権が対イラン秘密工作
6. カメルーンの火口湖から有毒ガス、多数の死者
7. エイズ感染、世界に広がる
8. エルサルバドルで大地震
9. 韓国でアジア大会、北朝鮮は不参加
10. 米軍がリビア空爆

【墓碑銘】 梅原龍三郎（洋画家）、石坂洋次郎（作家）、小佐野賢治（国際興業社主）、森永貞一郎（元日銀総裁）、木村義雄（将棋名人）、岡田有希子（アイドル歌手）、小野清一郎（盛岡市出身、刑法学の権威）、沢田哲郎（盛岡市出身、洋画家）、伊藤敦子（旧東和町出身、ソプラノ歌手）、ベニー・グッドマン（クラリネット奏者）、ケーリー・グラント（俳優）

昭和60

1985

❶ 東北新幹線、上野駅に乗り入れ
❷ 水稲豊作、史上最高の収量
❸ 釜石ラグビー、前人未到の7連覇
❹ 国鉄盛岡工場、94年の歴史に幕
❺ 岩手産業文化センターが完成
❻ 日蔭暢年選手が世界柔道2連覇
❼ 豊田商事問題、県内にも被害広がる
❽ グリーンピア田老が開業
❾ いじめ問題、県内でも深刻化
❿ 東亜国内航空が東京便を廃止

⑪ 2年目の三陸鉄道「快走」
⑫ 本県で全日本ホルスタイン共進会
⑬ 交際の既婚女性を殺害、夫も絞殺
⑭ 国鉄岩泉線の存続決まる
⑮ 本県初の全国高校総合文化祭
⑯ 8月の暑さ史上最高
⑰ 久慈で日本最古の虫入り琥珀発見
⑱ 県議会議長に藤根順衛氏
⑲ 全国市議会議長会会長に千葉正氏
⑳ 和賀町で集団赤痢が発生

1月15日号外

【国内】

1. 御巣鷹山に日航機墜落、520人死亡4人生存
2. 田中元首相が入院、竹下氏は「創政会」旗揚げ
3. 詐欺まがい商法、豊田商事会長刺殺される
4. 最高裁、衆院定数配分に違憲判決
5. 国鉄の分割・民営決定、2公社が民営化移行
6. 貿易摩擦、円高誘導で1ドル200円突破
7. 過激派が同時ゲリラ、国鉄まひ
8. つくば科学万博、2千万人が入場
9. 中曽根首相、靖国神社を公式参拝
10. 阪神21年ぶり優勝、列島フィーバー

【国際】

1. 米ソ首脳会談、核不戦で合意
2. コロンビアで大噴火、死者2万人超す
3. ソ連新書記長にゴルバチョフ氏
4. メキシコでM8・1の大地震
5. エジプト機乗っ取り、人質60人死亡
6. 対日貿易で米議会が報復決議
7. ドル高是正へG5合意
8. 南ア、アパルトヘイト撤廃求め暴動激化
9. 第2期レーガン政権発足
10. アキノ氏暗殺、被告全員に無罪判決

【墓碑銘】 入江相政（侍従長）、白洲次郎（実業家）、石川達三（作家）、坂本九（歌手）、笠置シヅ子（歌手、俳優）、夏目雅子（俳優）、藤原釜足（俳優）、中村清（マラソン指導者）、サマンサ・スミス（ソ連書記長に手紙、「平和の天使」）、ユル・ブリナー（俳優）、オーソン・ウェルズ（映画監督、俳優）、マルク・シャガール（画家）

2月1日号外

昭和59

1984

❶ 悲願の三陸鉄道、三セク方式で開業
❷ 県内水稲5年ぶりの豊作
❸ 皇太子ご夫妻迎え全国植樹祭
❹ センバツ甲子園で大船渡高ベスト4
❺ 新5千円札肖像に新渡戸稲造
❻ 新幹線新駅は「水沢江刺」「新花巻」
❼ 釜石ラグビー6年連続日本一
❽ 佐々木七恵選手らロス五輪に6人
❾ 企業倒産、過去最悪のペース
❿ 全国初の分割卵双子牛が誕生

⑪ 記録的寒波と豪雪襲う
⑫ 日照りと酷暑、深刻な水不足に
⑬ 県が新総合発展計画を策定
⑭ 国鉄盛岡工場の廃止決まる
⑮ サケマス漁船遭難、山田の9人不明
⑯ 新幹線上野乗り入れと新ダイヤ決定
⑰ サケ豊漁、3万トンの目標達成
⑱ ニューメディア構想に盛岡地区
⑲ 新日鉄釜石が合理化案を提示
⑳ 猛毒除草剤、県内にも埋設

【国内】

❶ グリコ・森永脅迫事件
❷ 韓国の全斗煥大統領が初来日
❸ 自民総裁選、中曽根氏が再選
❹ 長野県西部地震、死者・不明29人
❺ 東京でケーブル火災、通信網まひ
❻ 新札発行、肖像に文化人トリオ
❼ 三井三池・有明鉱で火災、83人死亡
❽ 財田川事件と松山事件、再審無罪
❾ 教育改革へ臨教審発足
❿ 殺人や強盗、警官の凶行相次ぐ

【国際】

❶ インドのガンジー首相暗殺
❷ ソ連アンドロポフ書記長死去
❸ レーガン大統領が再選
❹ アフリカの飢餓、深刻化
❺ 朝鮮半島、南北対話が活発化
❻ ロス五輪、ソ連圏諸国はボイコット
❼ 米ソ対話復活の機運
❽ 中国と英国、香港返還に合意
❾ インドで猛毒ガス流出、メキシコでもガス事故
❿ アキノ氏暗殺、軍部関与と断定

【墓碑銘】 長谷川一夫（俳優）、三原脩（プロ野球監督）、牧野茂（プロ野球巨人軍コーチ）、植村直己（冒険家）、有吉佐和子（作家）、児玉誉士夫（右翼運動家）、永野重雄（日本商工会議所会頭）、ユーリー・アンドロポフ（ソ連書記長）、インディラ・ガンジー（インド首相）、ミハイル・ショーロホフ（作家）、ジョニー・ワイズミュラー（水泳選手、俳優）、リチャード・バートン（俳優）

岩手日報

県土に山火事が続発

久慈で民家107戸焼失

強風下、猛火荒れ狂う

消火難航 延焼続く

道路寸断 孤立状態 巡視船が救助

県が対策本部

久慈で不明者1人

4月28日朝刊1面

昭和58

1983

1. 久慈で大規模山林大火、集落焼失も
2. 水稲4年ぶりの平年作
3. 衆院選で民社党が初議席
4. 佐々木七恵選手、マラソン五輪代表に
5. 釜石ラグビーが5連覇
6. 花巻と水沢に新幹線新駅設置決まる
7. 三陸鉄道18年がかりで完成
8. 花巻空港にジェット機就航
9. 東北自動車道、県内区間が全通
10. 知事選、中村氏が再選

11. 不況で企業倒産続出
12. 県内でも「サラ金」問題化
13. 二戸市で四つ子が誕生
14. 小学生殺害容疑で高校生逮捕
15. 日蔭暢年選手、世界柔道で初優勝
16. 盛岡市子ども科学館が完成
17. 全日空機雫石事故で最高裁判決
18. 県少年の船が初航海
19. 県立高校の再募集、段階的に廃止へ
20. 36年ぶり「三大選挙」

【国内】

1. ロッキード事件、田中元首相に実刑判決
2. 師走の総選挙で自民大敗、再び保革伯仲
3. 日本海側に大津波、遠足の児童ら犠牲
4. 「免田事件」再審で無罪確定
5. 日本初の体外受精児誕生
6. 「増税なき財政再建」臨調が最終答申
7. レーガン大統領、胡総書記が来日
8. 中曽根首相が訪米、「不沈空母」発言
9. 「荒れる中学」、浮浪者襲撃事件も
10. 参院選で初の比例代表制、ミニ新党続々

【国際】

1. ソ連戦闘機、大韓航空機を撃墜
2. ビルマ・ラングーンで韓国要人爆殺
3. フィリピンの野党指導者アキノ氏暗殺
4. レバノンで爆破テロ相次ぐ
5. 欧州ミサイル配備、核削減交渉が決裂
6. 米軍、グレナダに侵攻
7. OPECが原油を初値下げ
8. PLO内部抗争、アラファト派が敗北
9. ポーランドのワレサ議長にノーベル平和賞
10. 干ばつや熱波、世界各地で異常気象

【墓碑銘】 小林秀雄（文芸評論家）、片岡千恵蔵（俳優）、寺山修司（劇作家、演出家）、金栗四三（マラソン）、猫田勝敏（バレーボール日本男子代表セッター）、宮丸（旧姓依田）郁子（東京五輪女子80メートル障害5位）、ベニグノ・アキノ（フィリピン元上院議員）、テネシー・ウィリアムズ（劇作家）、カレン・カーペンター（歌手）、ジャック・デンプシー（ボクシング元ヘビー級王者）

岩手日報
号外
東北に新幹線時代開く
「やまびこ」さっそうと旅立ち
盛岡駅で出発式 二千人参列
一番列車、興奮の渦

6月23日号外

昭和57 1982

1. 東北新幹線、盛岡－大宮で開業
2. 鈴木首相が突然退陣
3. 県内水稲3年連続の不作
4. 釜石ラグビー4年連続日本一
5. 三陸鉄道を認可、凍結の工事再開
6. 東北自動車道、安代まで開通
7. 鈴木首相、就任後初のお国入り
8. 早池峰国定公園が誕生
9. 盛岡・綱取と久慈・滝、県営2ダム完成
10. 宮古の中学校で集団暴力
11. RMC滝沢村誘致めぐり賛否
12. 台風や豪雨、県内各地に被害
13. 田沢湖線が電化、特急「たざわ」運行
14. 白昼の民家で主婦殺害される
15. 県内企業の倒産相次ぐ
16. 女子マラソン佐々木選手が活躍
17. 金融機関狙った強盗目立つ
18. 嘉納杯柔道で県人2選手優勝
19. 4・11スト裁判で無罪判決
20. 原発立地論争高まる

【国内】

1. 鈴木首相が退陣、中曽根内閣発足
2. 「逆噴射」、羽田沖に日航機墜落
3. ホテルニュージャパン火災、33人死亡
4. 臨調が基本答申、国鉄再建が焦点に
5. 参院全国区に比例代表制を導入
6. 教科書記述、外交問題に
7. 長崎豪雨、死者・不明299人
8. 景気低迷、税収不足6兆円超え
9. 老舗デパート三越の社長ら不正、逮捕
10. ロ事件全日空ルート、全員に有罪判決

【国際】

1. ソ連ブレジネフ書記長が死去
2. フォークランド紛争、英が諸島奪還
3. イスラエルがレバノン侵攻
4. 反核のうねり、NYで大規模デモ
5. 世界的に不況深刻化
6. ポーランド、「連帯」を非合法化
7. 中ソ、関係改善へ動く
8. IBM産業スパイ事件、日本企業を起訴
9. シナイ半島、15年ぶりエジプト返還
10. 服役中の金大中氏、米国に移送

【墓碑銘】 江利チエミ（歌手、俳優）、志村喬（俳優）、三波伸介（コメディアン、俳優）、水原茂（プロ野球監督）、北村寿夫（ラジオドラマ作家）、河合信太郎（東京地検特捜部検察官）、イングリッド・バーグマン（俳優）、グレース・ケリー（俳優）、ヘンリー・フォンダ（俳優）

昭和56

1981

岩手日報 昭和56年(1981年)3月31日 (火曜日)

岩手日報

号外

レーガン大統領そ撃

左肺に一発、重傷負う

ワシントンの路上 犯人は25歳の白人

報道官ら三人も重体

老人人口、一千万人突破

西欧の二倍、老年化急速

国勢調査抽出

首脳会談へ影響か

鈴木首相懸念、回復を祈る

生産調整二つは違法

鶴岡灯油裁判に判決 原告の請求棄却

全快には三カ月

ポーランド スト、土壇場で回避

政労交渉が妥結

3月31日号外

❶ 縦貫鉄道実現へ「三陸鉄道」発足
❷ 異常低温と台風、2年連続の不作
❸ 東北新幹線6月23日開業決まる
❹ 御所ダム完成、五大ダムそろう
❺ 台風15号直撃、被害700億円超す
❻ 釜石ラグビーが3連覇達成
❼ 岩泉町茂師で恐竜の化石見つかる
❽ 公務員の横領相次ぐ
❾ 県青年の船が初航海
❿ 津軽石川のサケ漁、26万匹で日本一

⓫ 転落死を偽装、妻殺害容疑で夫逮捕
⓬ 盛岡駅ターミナルビル開業
⓭ 柏崎克彦選手、世界柔道で優勝
⓮ 各地に大型店オープン
⓯ 全中会長に岩持静麻氏
⓰ 小学生誘拐殺人に実刑判決
⓱ ドカ雪で交通網まひ
⓲ 田老年金基地が具体化
⓳ 谷村新興が自主再建へ
⓴ 佐々木選手が日本女子マラソン最高記録

【国内】

❶ 臨時行政調査会(臨調)が一次答申、行革法成立
❷ 北炭夕張新鉱でガス事故、93人死亡
❸ ロ事件、「ハチの一刺し」爆弾証言
❹ 元駐日大使発言で核持ち込み疑惑発覚
❺「防衛力増強を」米国の要請強まる
❻ 敦賀原発で放射能漏れ、作業員が被曝
❼ 福井教授にノーベル化学賞
❽ 金融機関でオンライン悪用相次ぐ
❾ 対欧米の貿易黒字、史上最高に
❿ 改造内閣、「灰色高官」を起用

【国際】

❶ エジプトのサダト大統領暗殺
❷ ポーランド軍政、全土に戒厳令
❸ レーガン米政権が発足
❹ フランス大統領にミッテラン氏
❺ 米国の宇宙連絡船コロンビア号、飛行に成功
❻ イラン国内対立、要人暗殺続く
❼ レーガン大統領狙撃などテロ続発
❽ 米大使館占拠、444日ぶり人質解放
❾ 西欧で反核運動高まる
❿ 韓国大統領に全斗煥将軍

【墓碑銘】 宮本常一(民俗学者)、市川房枝(参議院議員、婦人運動家)、吉野源三郎(「世界」初代編集長)、向田邦子(脚本家、エッセイスト)、湯川秀樹(理論物理学者)、池田徹郎(旧水沢市・元緯度観測所長)、伴淳三郎(コメディアン、俳優)、芥川比呂志(俳優、演出家)、ウィリアム・ワイラー(映画監督)

(1) 4版 岩手日報 昭和55年(1980年)7月15日 (火曜日) 第15450号 (日刊)

岩手日報 夕刊

自民総裁に鈴木善幸氏

満場一致議員総会で選出

次期首相指名候補に

党再生、政局安定めざす

垂れ幕掲げ祝う 県内

新総裁に決まり、あいさつする鈴木善幸氏

7月15日夕刊1面

昭和55

1980

1. 第70代首相に鈴木善幸氏
2. 「真夏日ゼロ」戦後最悪の冷害
3. 憲政上初の衆参同日選
4. 県立博物館が完成、東北一の規模
5. 岩手町と北上市でガス爆発事故
6. 完成目前、三陸縦貫鉄道の工事中断
7. 盛岡で日教組大会、右翼も集結
8. 花巻の谷村新興が経営危機に
9. 釜石ラグビーが連続日本一
10. 東北新幹線、大宮暫定開業か
11. 県交通、合理化紛争が収拾
12. 花巻空港の拡張問題解決
13. カワトク、肴町から菜園に移転
14. 県北や沿岸で大雨被害
15. 農業用具で女性刺殺される
16. 県高次救急センター完成
17. 本県サケ、史上最高の漁獲
18. 御所ダムの貯水始まる
19. 県青少年環境浄化条例が全面施行
20. 県総合発展計画決まる

【国内】

1. 初の衆参同日選、自民が圧勝
2. 大平首相が急死、鈴木内閣発足
3. 戦後最悪の冷害、作況指数「87」
4. 静岡の地下街でガス爆発、15人死亡
5. 埼玉の病院で無資格診療、ヤミ献金も
6. 自動車生産台数、米国を抜き世界一に
7. 長嶋監督が退団、王貞治選手も現役引退
8. 小中学生が殺人、受験生の両親殺害も
9. 栃木の温泉でホテル火災、45人死亡
10. 大平内閣不信任案を可決

【国際】

1. ソ連がアフガニスタン侵攻
2. 米大統領選、レーガン氏が当選
3. イランとイラク、戦争に突入
4. 韓国・光州で学生らが反政府デモ
5. モスクワ五輪、西側諸国がボイコット
6. 中国指導部が世代交代、四人組は裁判へ
7. 韓国・金大中氏に死刑判決
8. ポーランドに自主管理労組「連帯」
9. イタリア、アルジェリアで大地震
10. 探査機ボイジャー1号、土星に接近

【墓碑銘】 新田次郎（作家）、宇佐美淳（一戸町出身、俳優）、早川徳次（シャープ創業者）、林家三平（落語家）、嵐寛寿郎（俳優）、越路吹雪（シャンソン歌手、俳優）、南部利英（南部家第44代当主）、スティーブ・マックイーン（俳優）、ジェシー・オーエンス（ベルリン五輪陸上競技4冠）、ジャンポール・サルトル（哲学者）、アルフレド・ヒチコック(映画監督)、ジョン・レノン(ミュージシャン)

昭和54
1979

1. 小学生を誘拐し殺害、3人逮捕
2. 自民公認の中村直氏、知事に初当選
3. 豪雨・台風・大雪など災害相次ぐ
4. 石油高騰、県民生活を直撃
5. 衆院選、本県は自民圧勝
6. 東北新幹線が試運転、防雪対策も
7. 金融機関に強盗、放火し逃走
8. 土地登記簿変造、4千万円を詐取
9. 花巻空港に札幌便が就航
10. 釜石ラグビー2年ぶり日本一

11. 鉄建公団盛岡支社でヤミ給与
12. 東北自動車道が滝沢まで延長
13. 椎名悦三郎元自民副総裁が死去
14. 久慈高、初の甲子園出場
15. 盛岡・萪内《しだない》遺跡で縄文人の足跡
16. 地方選、新首長が続々誕生
17. 釜石に石油流通基地建設決まる
18. 大手企業の進出相次ぐ
19. 種市火力発電所を断念
20. ベトナム難民一家が盛岡へ

岩手日報　号外

県内に大雨被害

花巻などで八百五十棟浸水

陸と空の〝足〟も一時運休

太田氏を擁立　盛岡の後継市長候補　市議会各会派が一致

久慈は浜田（島根代表）と対戦

にわか雨依然続く　東北中部に前線停滞

深夜の救出

宅地、田畑に濁流

8月6日号外

【国内】

1. 総選挙で自民惨敗、「40日抗争」に
2. 鉄建公団で4億円不正、KDDには強制捜査
3. 第2次石油危機、灯油価格2倍に
4. 航空機疑惑、日商岩井の副社長ら逮捕
5. 東京で先進国首脳会議
6. 円安と物価急騰受け公定歩合引き上げ
7. 東名高速トンネル事故、7人死亡
8. 警官らを射殺、銀行で人質ろう城
9. 大平首相が訪中
10. 古事記の編者・太安萬侶《おおのやすまろ》の墓発見

【国際】

1. イランでイスラム革命、米大使館を占拠
2. 韓国の朴正熙大統領、射殺される
3. OPECが値上げ攻勢
4. 中国がベトナム侵攻
5. ベトナムとカンボジアで大量難民
6. 米国スリーマイル島原発で重大事故
7. 米国と中国が国交樹立
8. エジプトとイスラエル、平和条約に調印
9. 中国、文化大革命を実質否定
10. 米ソ、戦略兵器制限条約に調印

【墓碑銘】 大下弘（プロ野球西鉄）、朝永振一郎（物理学者）、中野重治（作家）、石田退三（トヨタ元社長）、水谷八重子（俳優）、横田チヱ（盛岡市出身、岩手初の女性県議）、バーナード・リーチ（陶芸家）、ジョン・ウェイン（俳優）

昭和53 1978

❶ 新日鉄が合理化案、釜石3部門休止

❷ M7・5宮城県沖地震が発生

❸ 国道106号、改良工事終え全通

❹ 花巻空港拡張問題8年ぶり解決

❺ 沼宮内高ホッケー、地元で男女日本一

❻ 高校教室で上級生を刺殺

❼ 水害のベトナムへ救援米送る

❽ 7月8日梅雨明け、記録的猛暑

❾ 減反1万ヘクタル、豊作を喜べず

❿ 貨物船と衝突、14人が死亡・不明

⑪ 県産ホタテから貝毒

⑫ 農協役職員が不正

⑬ 首都圏から盛岡まで自動車道開通

⑭ 葛根田地熱発電所が営業開始

⑮ 釜石湾口防波堤が着工

⑯ 女子高生が売春

⑰ 交通死亡事故が激増

⑱ 土佐犬が小学生かみ殺す

⑲ 県交通、再建へスタート

⑳ 本県にもコレラ発生

岩手日報 昭和53年(1978年)6月13日(火曜日)

東北・関東にM7.5強震

大船渡、仙台で震度5 盛岡、宮古など4

宮城県内で21人死ぬ

県内48校で被害

沿岸住民も"津波避難"

道路ズタズタ

東北線夜行「長距離」は運

一関など五万八千

各地の震度

震源地は宮城県沖

6月13日朝刊1面

【国内】

1. 日中平和友好条約を締結
2. 自民総裁選、大平氏が現職福田氏破る
3. 円急騰、1ドル180円を突破
4. 成田空港が開港、難問山積のまま
5. 宮城と伊豆でM7級の大地震
6. スモンなど薬害訴訟で被害者勝訴
7. 統幕議長解任、防衛論争に発展
8. 山口組組長を襲撃、暴力団の抗争激化
9. 「サラ金」が社会問題化
10. 大企業が相次ぎ合理化

【国際】

1. 米中が外交関係樹立を発表
2. 中国、本格的な近代化路線へ
3. エジプトとイスラエルが和平交渉
4. 英国で試験管ベビー誕生
5. イランで反政府運動広がる
6. 米国の新興宗教団体が集団自殺
7. 中国とベトナムが対立
8. イタリアのモロ前首相、過激派に殺害される
9. OPECが原油値上げを決定
10. ソ連の原子炉衛星が落下

【墓碑銘】 花森安治(「暮しの手帖」初代編集長)、岡潔(数学者)、東郷青児(洋画家)、片山哲(社会党元委員長、第46代首相)、古賀政男(作曲家)、山岡荘八(作家)、大松博文(日本女子バレー監督)、佐野周二(俳優)、田宮二郎(俳優)、アラム・ハチャトリアン(作曲家)、ユージン・スミス(写真家)

昭和52

1977

日報　昭和52年1月16日（日曜日）　2版

釜鉄ラガー最良の日

日本に敵なし　光る金字塔

部創立17年目の春

沸き起こる6万の拍手

子供らも大喜び

「おめでとう」一色の釜石

1月16日朝刊1面

1. 東北自動車道、一関－盛岡間が開通
2. 200カイリ時代、本県漁業にも影響
3. 減反目標、本県に厳しい数字
4. 県内企業倒産、石油危機上回る
5. 本県人口140万人台を回復
6. 釜石ラグビー初の日本一
7. 沿岸に大雨、死亡・不明4人
8. 盛岡で半年間に殺人事件4件
9. 三好京三氏、「子育てごっこ」で直木賞
10. 宮古の漁船遭難、9人が死亡・不明

---

11. 女性殺害、手配の容疑者逮捕
12. 参院選で岩動氏が3選
13. 父親が子ども3人殺害
14. 松尾鉱毒水に新中和施設
15. 岩手大に人文社会科学部発足
16. K2登頂成功、本県からも2隊員
17. 花巻空港に大阪便が就航
18. 女子高生の売春相次ぐ
19. 黒沢尻工高20年ぶり甲子園出場
20. 印刷工場火災、5人死亡

【国内】

1. 円高、日本経済を直撃
2. 日本赤軍ハイジャック、要求のみメンバー釈放（ダッカ事件）
3. 200カイリ水域実施、日ソ漁業交渉難航
4. 社会党で内紛、右派の田英夫氏ら離党
5. 参院選、与野党が伯仲
6. 王貞治選手、世界記録の756号本塁打
7. 大学入試不正、次々と明るみに
8. 異例の予算案修正、重要法案は軒並み廃案
9. 日米貿易摩擦で対外経済相を新設
10. 北海道の有珠山32年ぶり噴火

【国際】

1. エジプトのサダト大統領、イスラエル訪問
2. 鄧小平氏復活、中国が近代化路線
3. 西ドイツ赤軍、要人殺害などのテロ
4. 米カーター新大統領、人権重視の政策
5. KCIA、米議会で買収工作
6. ロンドンで先進国首脳会議
7. ソ連革命60周年、ブレジネフ体制完成
8. インド総選挙、首相のガンジー氏落選
9. 空港滑走路上で衝突、575人死亡
10. 「ルーツ」描いた米国小説、空前の人気

【墓碑銘】 田中絹代（俳優）、藤原嘉藤治（宮沢賢治と親交、賢治研究家）、今東光（中尊寺貫主）、海音寺潮五郎（作家）、山田かまち（詩画集「17歳のポケット」）、チャールズ・チャプリン（俳優）、エルビス・プレスリー（歌手、俳優）、ビング・クロスビー（歌手）

昭和51 1976

1. 42年ぶり大凶作、作況ゼロの水田も
2. 衆院選1区で新人3人当選
3. 岩手と秋田結ぶ新仙岩道路が開通
4. 釜石、山田で大規模火災
5. 「学テ裁判」最高裁が逆転有罪判決
6. 北上川の清流化計画決まる
7. 新バス会社「岩手県交通」が発足
8. 花巻空港拡張、県が工事強行
9. 東北自動車道、来年開通へ着々
10. 大型倒産や操業短縮が相次ぐ

---

11. 女子高生が売春
12. 小中学校の主任制めぐり紛糾
13. イカ漁とサンマ漁が不振
14. 暴走族が深夜の乱闘騒ぎ
15. 宮古沖でタンカー座礁、漁業に被害
16. 花北商高が甲子園初出場
17. 「ホッケーのまち」岩手町に総理大臣賞
18. 公共料金や高校授業料が大幅値上げ
19. 連続放火で容疑者逮捕
20. お盆の帰省ラッシュ、死亡事故多発

田中角栄前首相を逮捕

ロッキード事件で東京地検

外為法違反の疑い

在任中 桧山から五億円受領

いきなり〝頂上作戦〟

政界首脳に深刻な衝撃

7月27日夕刊1面

【国内】

1. ロッキード事件、田中前首相ら逮捕
2. 総選挙で自民惨敗、三木首相が退陣
3. 亡命のソ連戦闘機ミグ25、函館に着陸
4. 「ニセ電話事件」判事補が関与か
5. 自民抗争「三木おろし」
6. 鹿児島で五つ子誕生
7. 公共料金値上げ、国鉄運賃は50%アップ
8. 東北、北海道で戦後最悪の冷害
9. 台風17号、死者・不明者167人
10. 福島、岐阜など自治体汚職が続発

【国際】

1. 中国の毛沢東主席、周恩来首相が死去
2. 米大統領に民主党カーター氏
3. 漁業専管水域200カイリ時代へ
4. 米企業「わいろ商法」、世界に波紋
5. 探査機バイキング、火星に軟着陸
6. ベトナム社会主義共和国が誕生
7. 世界各地でM7級大地震
8. OPECが石油値上げ
9. イスラエル特殊部隊、奇襲で人質奪還
10. 欧州通貨危機、英ポンド暴落

【墓碑銘】 武者小路実篤（作家）、石橋正二郎（ブリヂストンタイヤ創業者）、鈴木盛久（南部釜師）、アガサ・クリスティ（作家）、ルキノ・ビスコンティ（映画監督）、マルチン・ハイデッガー（哲学者）、タマシン・アレン（短大創立、久慈名誉市民）

昭和50
1975

空前の長期スト突入
国鉄、ほぼ全面ストップ
政労交渉、歩み寄りなし
29日まで全面マヒか
郵便集配に大打撃
県内「通勤・通学」一部運転
首相の決断迫る
専門懇 きょう意見書提出
一年四カ月の審議終え

11月26日朝刊1面

1. 「スト権スト」で交通や郵便まひ
2. 全日空機雫石事故で実刑判決
3. 不況で賃金未払い、深刻な就職難
4. 縦貫鉄道、久慈－普代間が開業
5. 本県人口１３８万人、減少に歯止め
6. 保革激突の知事選、千田氏が４選
7. 暴走族が横行、逮捕者出す騒ぎ
8. 空港拡張、県と反対派の溝深まる
9. 中学校統合めぐり長期登校拒否
10. 漁船転覆、乗組員17人全員が遭難
11. 仙岩トンネル貫通、田沢湖線の電化着工
12. 県産米48万トン、史上最高の豊作
13. 宮古市で自然公園大会
14. 県農協４連、役員共通制を導入
15. 谷村新興が全駅伝レース制覇
16. 県人山岳隊員、海外遠征で活躍
17. 東北新幹線、52年春の開業困難に
18. 盛岡橋本美術館が完成
19. 矢巾町に岩手流通センター
20. 伝染性貧血多発も岩手競馬好調

【国内】

1. 空前の「スト権スト」、列島まひ状態に
2. 天皇皇后両陛下が訪米
3. 景気どん底、就職難の時代
4. 連続企業爆破、メンバー８人逮捕
5. 国も地方も財政危機
6. 六価クロム汚染で死者、塩ビ工場でも被害
7. 保革伯仲の国会、重要法案が難航
8. ３億円事件から7年、時効成立
9. 「興人」倒産、戦後最大の負債２千億円
10. 共産党と創価学会、敵対関係を解消

【国際】

1. 第２次インドシナ戦争終結、南北ベトナム統一へ
2. 先進６カ国が経済首脳会議
3. スエズ運河８年ぶり再開
4. 東西欧州、初の安保首脳会議
5. OPECが石油値上げ
6. 米ソ宇宙船がドッキングに成功
7. 国連、二つの朝鮮決議を採択
8. フランコ総統死去、スペイン独裁終わる
9. 中国が新憲法、反覇権主義打ち出す
10. 米国、太平洋ドクトリンを発表

【墓碑銘】 八代目坂東三津五郎（歌舞伎俳優）、石坂泰三（経団連名誉会長）、蒋介石（台湾の軍人、政治家）、佐藤栄作（元首相）、鈴木彦次郎（作家、盛岡文士劇創始者）、棟方志功（版画家）、アーノルド・J・トインビー（歴史学者）、ドミトリ・ショスタコービッチ（作曲家）

昭和49
1974

1. 松尾・県民の森で全国植樹祭
2. 狂乱物価、家計を直撃
3. トラック運転手殺害、2人逮捕
4. 金融引き締めで事業所閉鎖や解雇
5. 春闘スト、岩教組委員長を逮捕
6. 肉牛の価格暴落、畜産危機に
7. バス会社苦境、2社が更生法申請
8. 36年ぶり豪雪、和賀郡で積雪3・6メートル
9. 全国初の「ミニ国体」開催
10. 北部陸中海岸有料道路が開通

---

11. 盛岡・中津川にサケそ上
12. 三陸沿岸に冷水帯、不漁
13. 参院選で増田盛氏再選
14. 病院建設めぐり疑惑発覚
15. 矢幅駅で貨車が脱線
16. 矢巾町に北東北の物流拠点
17. ソ連船団、三陸沖で操業トラブル
18. 高校野球、1県1代表に
19. 卓球の枝野とみえ選手、国際大会で活躍
20. 本県の出稼ぎ者5人がガス中毒死

岩手日報 昭和49年(1974年)8月9日 (金曜日)

ニクソン米大統領辞任

全国民にテレビ・ラジオで表明

フォード氏に政権委譲

米史上初めて 主の座自ら降りる

"深い傷"どう回復

フォード新政権の課題

指導力をまず確立

田中体制に追い打ち

政局波乱の要素 "風穴"あく依存外交

8月9日夕刊1面

【国内】

1. 「金脈政治」田中首相が退陣
2. 米大統領が初来日
3. 参院選で自民苦戦、保革伯仲に
4. インフレ加速、軒並み値上げ
5. 三菱重工、三井物産などで爆破事件
6. 朴大統領狙撃、日韓関係が緊迫化
7. 「最後の日本兵」小野田さん30年ぶり帰国
8. 「核持ち込み」退役軍人が証言
9. 「ゼロ成長」大型倒産相次ぐ
10. 原子力船「むつ」で放射線漏れ

【国際】

1. ウォーターゲート事件、ニクソン大統領辞任
2. 世界的インフレ、深刻な不況
3. 資源や食糧めぐり四つの国際会議
4. 英・仏・西独・伊で政権交代
5. 日本赤軍、世界各地でテロ
6. PLOアラファト議長、国連に初登場
7. インドが初の地下核実験
8. 米ソ首脳、ウラジオストクで会談
9. エチオピアで軍事革命
10. インドネシア・ジャカルタで反日暴動

【墓碑銘】 山本有三(作家)、デューク・エリントン(ジャズ指揮者)、花菱アチャコ(漫才師、俳優)

岩手日報　昭和48年8月18日　(土曜日)　3版

悔いなし、三高

古豪・高知商と互角の攻防

延長14回、小綿力尽きる

盛岡三 000 010 000 000 00 1
高知商 000 100 000 000 01× 2

試合経過

道路

8月18日夕刊社会面

昭和48
1973

1. 異常干ばつ、ダム干上がる
2. ダンプとマイクロバス衝突、9人死亡
3. 文化の殿堂・県民会館オープン
4. 石油危機で灯油が不足、値上がり
5. 盛岡三高、夏の甲子園ベスト16
6. 新幹線盛岡以北、八戸ルート決定
7. 三陸産魚類から水銀検出
8. 自衛官がひき逃げ、死体遺棄
9. 岩泉のイヌワシ生息地、国の天然記念物に
10. 膿疱疹で院内の新生児4人死ぬ

11. ダイエーなど大型店が県内進出
12. 終末処理場建設計画めぐり紛糾
13. スケートの国体、インターハイ開催
14. 中国から伊藤イクさん28年ぶり帰国
15. 空前の春闘スト、インフレ手当求めるストも
16. 国道4号一関－滝沢、速度50キロ制限
17. 集団風邪で休校や学級閉鎖相次ぐ
18. 交通事故死者、過去最悪に
19. 国体で本県ラグビー、自転車が健闘
20. 路上で女性殺害、未成年を逮捕

【国内】

1. 石油危機、大量消費から節約へ
2. 金大中氏、東京で拉致される(金大中事件)
3. 物不足とインフレ深刻化
4. 日航機とKLM機乗っ取られる
5. 長沼ミサイル基地訴訟、自衛隊に違憲判決
6. 水俣病訴訟、チッソが全面敗訴
7. 愛知蔵相が急死、田中改造内閣発足
8. 熊本でデパート火災、死者103人
9. 江崎玲於奈氏にノーベル物理学賞
10. 円変動、国際収支の赤字続く

【国際】

1. 第4次中東戦争、ほぼ1カ月で停戦
2. 12年に及ぶベトナム戦争終結
3. ニクソン政権、民主党本部盗聴(ウォーターゲート事件)
4. 世界的なエネルギー危機
5. 主要通貨、変動制へ
6. チリのアジェンデ政権倒れる
7. 中国共産党大会、新指導体制を確立
8. タイで学生革命
9. 拡大EC(欧州共同体)発足
10. ソ連ブレジネフ書記長が訪米

【墓碑銘】 菊田一夫(劇作家)、石橋湛山(元首相)、大佛次郎(作家)、戸塚睦夫(コメディアン)、吉田孤羊(石川啄木研究家)、古今亭志ん生(落語家)、森雅之(俳優)、サトウハチロー(詩人)、パール・バック(作家)、パブロ・ピカソ(画家)、ジョン・フォード(映画監督)、ブルース・リー(武道家、俳優)、アベベ・ビキラ(東京五輪マラソン優勝)

岩手日報 昭和47年(1972年)2月28日 (月曜日)

あさま山荘に突入、銃撃戦

警官二人が死亡 重傷者が続出

赤軍、三階で抵抗

泰子さんの安否は不明

28日朝の泰子さん救出作戦布陣

米大統領、帰国の途に

"世界が変わった日" 米大統領あいさつ 正常化へ実践強調

五月二十二日から約一週間 米大統領の訪ソ

政府に焦燥感深まる 米中共同声明 求められる"合意"外交

2月28日夕刊1面

昭和47

1972

1. 国道45号開通、沿岸245キロつなぐ
2. 二戸市が発足、県内13番目の市
3. 「ダイエー」が盛岡進出を発表
4. 台風20号襲来、釜石で川の堤防決壊
5. 衆院選、本県は自民５社会３
6. 低気圧災害、被害50億円に上る
7. 松尾鉱山が閉山、マンモス住宅群消える
8. 観光目的の土地買い占め、３千ヘクタルに
9. 東北新幹線一関トンネルが着工
10. 県立南光病院の労使紛争が解決
11. 県立病院の薬品販売めぐり贈収賄
12. 広田湾工業開発計画で反対運動
13. 国民休暇村、宮古市への整備決定
14. 小本線岩泉駅と久慈線田老駅が開業
15. 住宅火災、一家６人が犠牲に
16. 宮古水産高が初の甲子園出場
17. 東北縦貫自動車道の準備進む
18. 八幡平の「奥産道」計画で反対運動
19. 早池峰や八幡平などで自然保護高まる
20. 県営スケート場が完成

【国内】

1. 日中共同声明に調印、国交を回復
2. 連合赤軍、あさま山荘に立てこもり
3. 沖縄27年ぶり本土復帰
4. 総選挙で共産党が躍進
5. 元日本兵の横井庄一さん、グアムで発見
6. 日本人ゲリラ、テルアビブ空港で乱射
7. 高松塚古墳で極彩色の壁画発見
8. 四日市ぜんそく訴訟で住民勝訴、イタイイタイ病も
9. 日航機、インドとソ連で墜落
10. 地価と株価高騰、インフレの様相

【国際】

1. ニクソン米大統領が訪中、訪ソ
2. ベトナム戦争、和平への動き
3. ミュンヘン五輪でテロ、人質全員死亡
4. 南北朝鮮の対話始まる
5. 東西ドイツ、基本条約に調印
6. 中国・馬王堆古墳から2100年前の遺体
7. 初の国連人間環境会議
8. 中国共産党の林彪副主席が墜落死
9. 拡大EC（欧州共同体）９カ国で発足へ
10. ニクソン大統領が再選

【墓碑銘】東海林太郎（歌手）、柳家金語楼（落語家）、エドガー・フーバー（FBI長官）、ハリー・S・トルーマン（第33代米大統領）、ウィンザー公（英元国王）

昭和46 1971

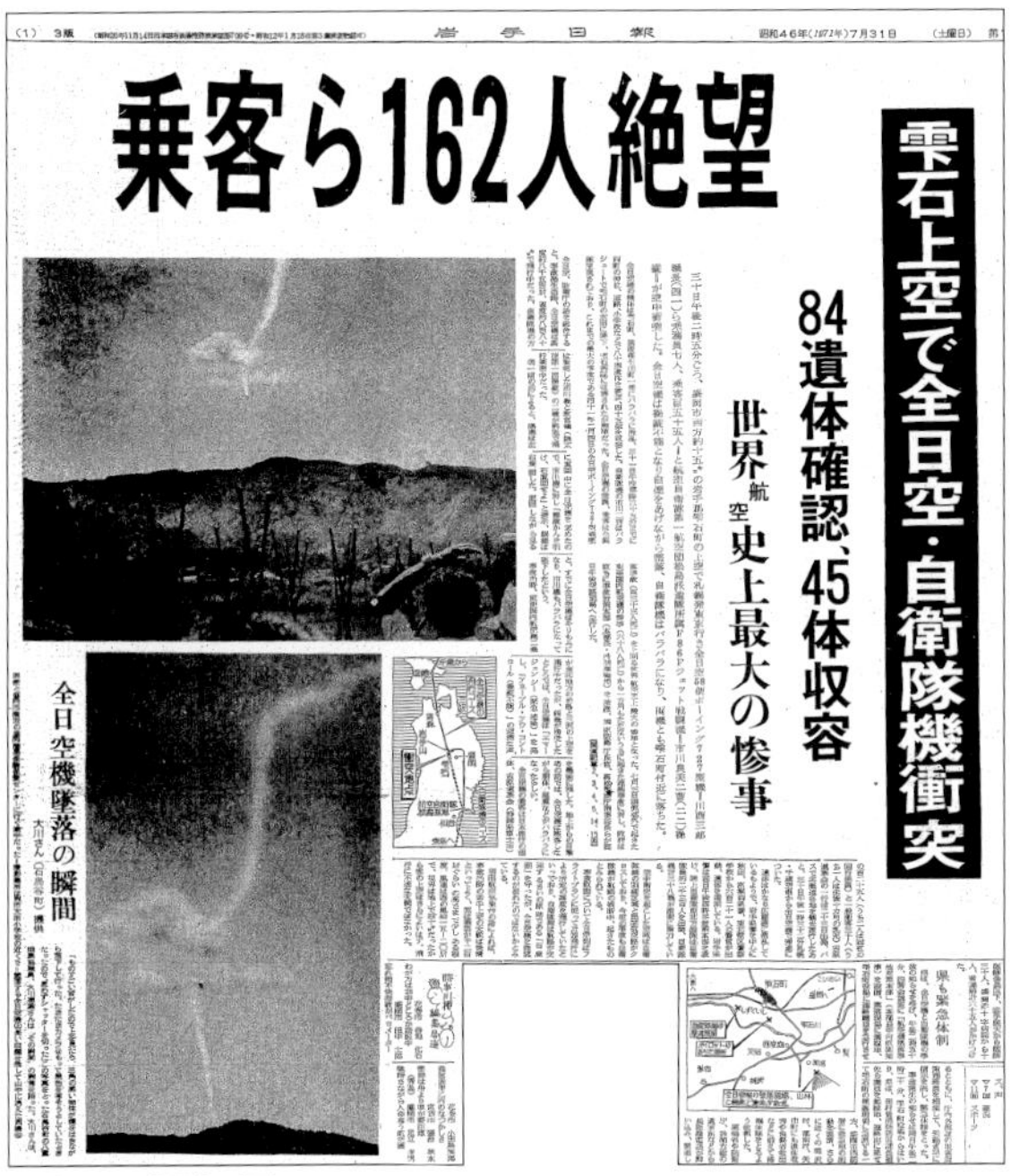
(1) 3版 岩手日報 昭和46年(1971年)7月31日 (土曜日)

乗客ら162人絶望

雫石上空で全日空・自衛隊機衝突

84遺体確認、45体収容

世界航空史上最大の惨事

全日空機墜落の瞬間

7月31日朝刊1面

1. 自衛隊機が空中衝突、全日空機162人死亡
2. 東北新幹線、52年開通へ起工式
3. 県内鉱山の休山・閉山相次ぐ
4. 本県でも医師会が保険医辞退、一斉休診
5. 豪雨や台風、農水産物に被害
6. 75歳以上の医療費を無料化
7. 金田一京助博士が死去
8. 社会人と高校ラグビーで全国優勝
9. 選挙違反で紫波町議会が総辞職
10. 岩手銀支店で500万円が「蒸発」

11. 三陸縦貫鉄道、全線着工へ
12. 公害問題多発、公害行政始まる
13. 統一地方選、千田知事が3選
14. 稚内港でカニ漁船転覆、久慈の8人遭難
15. デパート「松屋」など経営行き詰まり
16. 江刺市長選で投票用紙不正
17. 東北縦貫道の全路線発表
18. 「二戸市」実現へ合併の動き
19. 株式会社岩手開発を設立
20. 5月に山林火災が続発

【国内】

1. 変動相場制、1ドル308円に
2. 沖縄返還協定、国会が承認
3. 自衛隊機、全日空機と空中衝突
4. 日中国交回復へ人的交流が活発化
5. 天皇、皇后両陛下が訪欧
6. 成田空港強制代執行、機動隊と反対派衝突
7. 4大公害病、新潟と富山で患者側勝訴
8. 日米繊維協定に仮調印
9. 女性8人殺害、大久保事件に列島震撼
10. 医療行政に抗議、保険医を総辞職

【国際】

1. 中国が国連登場、国際社会に復帰
2. 米大統領の訪中決まる
3. 米国がドル防衛措置
4. ベトナム介入秘密文書、米紙が報道
5. 英国のEC加盟決定
6. 南北赤十字が板門店で会談
7. インドとパキスタンが戦争
8. 中国、米国の卓球チーム招待
9. 米英仏ソ、ベルリン協定に仮調印
10. ソユーズの3飛行士、帰還途中に死亡

【墓碑銘】 横山エンタツ（漫才師、俳優）、深田久弥（作家、登山家）、内田百閒（随筆家）、平塚らいてう（女性解放運動）、志賀直哉（作家）、工藤孝一（岩手町出身、サッカー日本代表コーチ）、イーゴリ・ストラビンスキー（作曲家）

昭和45
1970

岩手日報　昭和45年（1970年）10月16日（金曜日）

炬火消え清新満ちる岩手

栄光の天皇杯1位　皇后杯3位

県史に新たな金字塔

天皇杯順位		
①	岩手	152.00
②	東京	120.75
③	大阪	95.50
④	埼玉	76.50
⑤	岐阜	63.50
⑥	愛知	59.50
⑦	千葉	52.50
⑧	北海道	47.25

皇后杯順位		
①	大阪	83.50
②	東京	71.50
③	岩手	62.00
④	愛知	52.00
⑤	岐阜	39.50
⑥	秋田	29.00
⑦	新潟	29.00
⑧	広島	28.00

輝く賜杯この手に

美しい山河に心なごむ

両陛下、県民におことば

両陛下ご帰京

躍進岩手

10月16日朝刊1面

1. 岩手国体、本県が総合優勝果たす
2. 駒ケ岳連峰の女岳38年ぶり噴火
3. 不明の小2女児、遺体で発見
4. 青森行き普通列車で爆破未遂事件
5. 東北縦貫道の路線発表
6. コメ生産調整、目標100％実施
7. 国際興業が進出、バス会社を買収
8. 三陸縦貫鉄道、盛ー綾里間が開業
9. 八幡平有料道路が開通
10. 宮古のカドミウム汚染、農産物も
11. 三陸町に気象ロケット観測所
12. 農協で不正相次ぐ
13. 秋田県南東部地震、県内にも被害
14. 身障者スポーツ大会を開催
15. コロッケに指の肉片混入
16. 県公害防止対策条例を制定
17. 狩猟事故が多発
18. 盛岡市に歩行者天国お目見え
19. 3㍍坑閉鎖、北上川の清流化進む
20. 小学校教員が交通事故

【国内】

1. カドミウムやスモッグ、公害が深刻化
2. 赤軍派学生が「よど号」ハイジャック
3. 作家・三島由紀夫がクーデター呼びかけ、割腹自殺
4. 大阪万博ブーム、入場者6400万人
5. 日米安保条約、自動継続に
6. 日米繊維交渉、決裂と再開
7. 沖縄で28年ぶり国政選挙
8. 金融機関で不正融資相次ぐ
9. プロ野球で八百長「黒い霧事件」
10. 農政史上初のコメ減産

【国際】

1. 中国、各国と国交樹立
2. 米軍、カンボジアに侵攻
3. 東パキスタンにサイクロン、死者不明20万人
4. アラブ連合とイスラエル、4度目の停戦
5. 「アラブの星」ナセル大統領が急死
6. 独ソ、武力不行使条約に調印
7. 米国が保護貿易主義強める
8. アラブ・ゲリラ、旅客機5機乗っ取り
9. ソ連の無人月探査機、立て続けに成功
10. 中国、初の人工衛星打ち上げ

【墓碑銘】 榎本健一（コメディアン）、石川一郎（初代経団連会長）、内田吐夢（映画監督）、三島由紀夫（作家）、佐藤得二（金ケ崎町出身、直木賞作家）、バートランド・ラッセル（英哲学者）

岩手日報　昭和44年7月21日（月曜日）　号外

人類の使者ついに月到達

アポロ11号無事着陸

計画通り「静かの海」に

5時17分40秒 歴史を刻む

LMは全く正常

月面第一歩早まる

月着陸船が月面に着陸するさいの想像図

クレーター無数

ア船長第一声

付近の岩はゴツゴツ

オルドリン飛行士

コリンズ飛行士

月面活動スケジュール

7月21日号外

昭和44

1969

❶ 松尾鉱山が閉山、921人全員解雇

❷ 山形村などで山林火災、3千ヘクタール焼失

❸ 長寿日本一、116歳中村重兵衛さん死去

❹ 八幡製鉄と富士製鉄の合併決定

❺ 金融機関に3人組強盗

❻ バス労組が長期スト

❼ 三陸縦貫鉄道の部分開業決定

❽ 15人乗り漁船、千葉沖で遭難

❾ 本県取引先、馬肉を混ぜる不正

❿ 盛岡の中心街で女性殺害

⓫ 花巻電鉄鉛線が廃止

⓬ 現金137万円ひったくられる

⓭ 「県産米50万トン」推進方針を転換

⓮ 盛岡市長に工藤巌氏

⓯ 特急「やまびこ」好調、増発望む声

⓰ 岩手国体まで1年

⓱ 県南で幼児誘拐が相次ぐ

⓲ 教員が不祥事、公務員の不正も

⓳ コメ収穫量、過去最高46万トン

⓴ 県勢発展計画スタート

【国内】

❶ 1972年の沖縄返還決まる
❷ 年末総選挙で自民圧勝、社会は大敗
❸ 安保闘争で新左翼台頭
❹ 大学法を施行、紛争校が急減
❺ 「交通戦争」死者最悪の数字
❻ 東大安田講堂に自衛隊突入、631人逮捕
❼ 八幡と富士合併、新日本製鉄誕生へ
❽ 人口甘味料チクロなど食品添加物が問題化
❾ コメ余剰で価格据え置きと減産方針
❿ 全国で幼児誘拐が多発

【国際】

❶ アポロ11号、人類初の月着陸
❷ 米軍、南ベトナムから撤退開始
❸ 中国共産党が九全大会、毛思想を堅持
❹ ホー・チ・ミン北ベトナム大統領が死去
❺ 平価調整でフラン切り下げ、マルク切り上げ
❻ 中ソ国境で武力衝突
❼ 仏ドゴール大統領が退陣
❽ チェコ「プラハの春」終わる
❾ ソ連、9年ぶりに世界共産党会議
❿ ニクソン米大統領、初の東欧入り

【墓碑銘】 成瀬巳喜男（映画監督）、正力松太郎（読売新聞社主）、大谷竹次郎（松竹会長）、ドワイト・D・アイゼンハワー（第34代米大統領）、ロバート・テイラー（俳優）

岩手日報で振り返る

岩手の平成史

1 9 8 9 - 2 0 1 9

初版　2019年5月30日発行

【編　集】
岩手日報社　コンテンツ事業部

【写　真】岩手日報社　共同通信社

【発行所】株式会社岩手日報社
〒020-8622　岩手県盛岡市内丸3-7
電話　019-601-4646（コンテンツ事業部）
http://books.iwate-np.co.jp/

【印刷所】山口北州印刷株式会社

◎編集協力　小原　藤子（山口北州印刷㈱）
◎アートディレクション　和野　隆広（FANTA PEAK）

ISBN978-4-87201-423-5